湖南省教育科学"十四五"规划2022年度立项课题
"'新高考'的传统教育价值取向及其路径选择"
（XJK22BJC011）成果

高考管理机制的建构研究

许云平 邓芝韵 编著

大连理工大学出版社

图书在版编目(CIP)数据

高考管理机制的建构研究／许云平，邓芝韵编著. — 大连：大连理工大学出版社，2022.9
ISBN 978-7-5685-3864-0

Ⅰ.①高… Ⅱ.①许… ②邓… Ⅲ.①高等学校—入学考试—教育管理—研究—中国 Ⅳ.①G632.474

中国版本图书馆 CIP 数据核字(2022)第 123399 号

责任编辑	赵晓艳　欧阳碧蕾
责任校对	赵　阳
封面设计	方　茜

出版发行　大连理工大学出版社
地　　址　大连市软件园路 80 号　　邮政编码　116023
电　　话　0411-84708842(发行)　0411-84708943(邮购)
邮　　箱　dutp@dutp.cn
网　　址　http://dutp.dlut.edu.cn

印　　刷　大连图腾彩色印刷有限公司印刷
幅面尺寸　170mm×240mm　　印　张　11　　字　数　221 千字
版　　次　2022 年 9 月第 1 版　　印　次　2022 年 9 月第 1 次印刷
书　　号　ISBN 978-7-5685-3864-0　　定　价　60.00 元

本书如有印装质量问题，请与我社发行部联系更换。

前言

高考是我国最重要的教育考试之一,是国家选拔人才最重要的手段之一。它不仅关涉国家利益,也关涉考生个人的命运。2021年,我国高考报考人数超过了1 000万,牵涉千千万万个家庭。所以,高考也是一项极其重要的民生工程。加强高考管理,维护高考健康稳定地发展,是扛在当前考试管理工作者、行政管理工作者肩上的重担。

我国是世界上考试制度发展最早的地区,上千年来沉淀了丰富的考试文化。现代高等学校招生考试制度建立后,经过一百多年的发展,又形成了极具中国特色的高考管理机制。充分研究高考管理机制的建构,能够引领高考改革的健康发展。当前,专门以高考管理机制的建构为主题的研究尚未发现。本书的出版,将填补这一空白。

本书是编著者在长期从事教育教学和高考管理工作中所积累的经验总结,也是湖南省教育科学"十四五"规划2022年度立项课题"'新高考'的传统教育价值取向及其路径选择"(XJK22BJC011)成果。在编著过程中,我们借鉴了湖南教育考试院的部分高考经验总结,也得到了易晓冬、陈艳芳、陈妍、魏琼蕊、卫圆圆和王少威等同志的帮助。其中王少威对第一章、陈艳芳对第二章和第三章、陈妍对第四章、魏琼蕊对第五章、卫圆圆对第六章、易晓冬对第七章资料的搜集和部分内容的撰写作出了贡献,在此深表感谢。

由于我们对高考文化的研究还处于探索阶段,本书肯定还有很多疏漏和需要改进之处,由衷地期待同行提出宝贵的意见,我们将继续努力。

编著者:许云平、邓芝韵

2022年9月12日

目 录

上篇 高考制度概述、历史沿革与比较

第一章 高考制度概述 3
第二章 考试制度历史沿革 5
 第一节 科举制以前的选才考试制度 5
 第二节 科举考试制度 6
 第三节 民国时期的高考制度 11
 第四节 新中国高考制度 14
第三章 部分国家高等院校招生考试制度 16
 第一节 苏联高等院校招生考试制度 16
 第二节 美国高等院校招生考试制度 17
 第三节 日本高等院校招生考试制度 19
 第四节 德国高等院校招生考试制度 23
 第五节 法国高等院校招生考试制度 28
 第六节 英国高等院校招生考试制度 30

中篇 当代高考制度

第四章 高考管理理论 35
 第一节 高考管理的基本原理 35
 第二节 高考管理的基本原则 49
 第三节 高考管理的基本方法 57

第五章　高考管理实践 ·· 66
　　第一节　高考空间管理 ·· 66
　　第二节　高考过程管理 ·· 80
第六章　高考技术管理 ·· 99
　　第一节　高考技术概述 ·· 99
　　第二节　高考管理系统 ··· 104
　　第三节　高考管理技术的发展趋势 ·· 127
第七章　高考环境管理 ··· 133
　　第一节　高考环境概述 ··· 133
　　第二节　高考环境的现状及问题 ··· 141
　　第三节　高考环境的治理及保障措施 ·· 147
　　第四节　无纸化考试与高考环境管理 ·· 154

下　篇　高考管理的发展方向

第八章　新发展阶段高考管理的发展方向 ·· 163
　　第一节　高考管理要体现"新课改"精神 ··· 163
　　第二节　高考管理要体现"新高考"精神 ··· 165

参考文献 ··· 168

上 篇

高考制度概述、历史沿革与比较

第一章　高考制度概述

　　制度的制定与执行是实施管理的重要手段。要研究高考管理,我们有必要先对高考制度进行梳理。这种梳理,既包括从纵向上对历朝历代的相关考试制度和现代以来的高考制度方面进行厘清,也包括从横向上对国外重要的高等学校入学考试制度方面进行分析。

　　研究高考的管理,我们首先要弄清楚什么是考试、什么是高考。

　　我们先来了解什么是考试。考试作为一种知识与能力的鉴定方法,在我国具有悠久的历史,考试制度最早可以追溯到夏商周时期。

　　考试一词由"考"与"试"二字组成。"试",《说文解字》释其义为"用",是指非正式地去做预先的想法。"试"字在《尚书》中多次出现。首次出现是在《尚书·尧典》中。据《尚书·尧典》记载,唐尧时期,天下洪水泛滥,尧帝寻找治水之人。四岳和群臣推荐鲧(尧的大臣,有传说称鲧系大禹的父亲),尧帝对鲧的脾气和品行都提出了质疑,四岳则说"试可乃已",即让鲧试试看。"试"在《尚书》中第二次出现也是在《尚书·尧典》中,记载尧帝要遴选继承人,有人推荐了舜,尧帝曰:"我其试哉!"释其意为尧帝要试试舜。《尚书·尧典》记载舜帝巡狩天下之后,在方岳之下召集诸侯,"敷奏以言,明试以功",听取诸侯的口头汇报,然后根据诸侯所言考核其实际政绩。在此两处,"试"都有考核之义,与今义接近。

　　"考"之古义与今义则相差极大。从字形上看,"考"字与"老"字近似。事实上,在甲骨文中,两字为同一个字,是老人拿拐杖之形,意为年老。《说文解字》释"考":"老也。"《尔雅·释亲》释"考":"父为考。"又如《诗·大雅·棫朴》:"周王寿考,遐不作人?"这里的"考"字就是年老的意思。从年老之义引申,"考"字又指父亲。后来"考"字又假借为"敲""击"之义。如《诗经·唐风》:"子有钟鼓,弗鼓弗考。"这里的"考"就是"敲击"的意思。"考"又有"问"的意思。《广雅》:"考,问也。"《象传上·复》:"敦复无悔,中以自考也。"《诗经·大雅》:"考卜维王。"此两处的"考"字都是"问"的意思。由"敲击""问"等意思,"考"引申为考核。如《学记》:"比年入学,中年考校。"这里"考"字就是考核的意思。

由此可见，在汉语中，"考"与"试"都有考查、检测和考核等多重含义。将"考"与"试"二字连用，始于西汉董仲舒的《春秋繁露·考功名》："考试之法，大者缓，小者急；贵者舒，而贱者促。诸侯月试其国，州伯时试其部，四试而一考。天子岁试天下，三试而一考。前后三考而黜陟，命之曰计。"在此，"考""试"虽合用，但很明显，两者是不同的考核制度。但是，当"考"与"试"合为一个词之后，其内涵逐渐演变为现代"考试"的内涵，特指考查知识或技能的方法和制度。如《汉书·宣帝纪》："自丞相以下，各奉职奏事，以傅奏其言，考试功能。"这里的"考试"的内涵与现代语境中的"考试"内涵基本一致。也就是说，至少在汉代，"考试"的内涵已接近现代"考试"的内涵。

那么在现代语境中，什么是考试？商务印书馆出版的《现代汉语词典》（第七版）对"考试"的解释："通过书面或口头提问等方式，考查知识或技能。"这是最通俗、简洁的解释。综合其他学者的观点，我们还可以对该定义进行详细阐述。所谓考试，即通过书面、口头、实际操作等形式，考查应试者（考生）所掌握的知识或技能的活动，要求应试者在规定的时间内按指定的方式解答试题或按第三方的要求完成一定的实际操作，并由主考方评定其结果，从而为主考方提供应试者某方面的知识或技能状况的信息。考试活动由主考方、应试者（考生）和考试载体（时空、工具、材料等）组成。

考试的分类方式有很多种。依据考试目的，考试可以分为效果考试和资格考试。前者用来检测应试者对某种知识或技能的掌握程度，如学校组织的期中考试、期末考试等；后者用来检测应试者所掌握的知识或技能是否达到了获得某种资格的水平，如教师资格证考试等。显然，高等学校入学考试属于资格考试。依据考试的组织方，考试可以分为国家考试和社会考试。国家考试即由政府部门组织实施的考试，如公务员考试、高等学校入学考试等；社会考试即由社会力量组织实施的考试，如中央音乐学院校外音乐水平考级等。

高考，全称为高等学校招生全国统一考试，是高等学校招收新生的考试。在我国，高考又分为普通高等学校招生全国统一考试和成人高等学校招生全国统一考试。根据中华人民共和国教育部的解释，普通高等学校招生全国统一考试是为普通高等学校招生设置的全国性统一考试，每年6月7—10日实施。参加考试的对象是全日制普通高中毕业生和具有同等学力的中华人民共和国公民，招生分为理工农医（含体育）、文史（含外语和艺术）两大类。成人高等学校招生全国统一考试（简称成人高考），是为中国各类成人高等学校选拔合格的毕业生以进入更高层次学历教育的入学考试，成人高考属国民教育系列，列入国家招生计划，国家承认学历，全国招生统一考试。成人高等学历教育分为专科起点本科（简称专升本）、高中起点本科（简称高起本）和专科（简称高起专）三种；在校学习形式分脱产、业余、函授三种。成人高考每年9月报名，10月下旬考试。

第二章　考试制度历史沿革

第一节　科举制以前的选才考试制度

这里所说的历史沿革,既包括现代高考制度建立以来的考试制度历史沿革,也包括古代的选才考试制度历史沿革。虽然古代的人才选拔机制不能和高考画等号,有的甚至是与高考完全不一样的制度,但是,同样作为人才选拔机制,古代的人才选拔机制与高考仍有一定的相似、相通之处。故本节将现代高考制度建立以前的人才选拔机制、制度也进行了列述。

一、重视考核标准的西周考试制度

西周学校教育的内容主要是"六艺",即礼、乐、射、御、书、数,并设立了严格的考核标准。关于礼、乐、书、数的考核标准,尚不可考,但关于射、御的考核标准,古籍中却有详细记载。

根据《周礼·地官·保氏》的记载,关于"射"的考核标准有五条:白矢、参连、剡注、襄尺、井仪。"白矢"主要考核射箭者开弓的臂力;"参连"主要考核射箭者发射的速度;"剡注"主要考核射者箭头的锋利程度;"襄尺"主要考核射箭者的礼让水平;"井仪"主要考核射箭者箭法的准确程度。

根据《周礼·天官·保氏》的记载,西周对"御"的考核标准也有五条:鸣和鸾、逐水曲、过君表、舞交衢、逐禽左。"鸣和鸾"主要考核御者驾车时,车铃发出的声音是否共鸣而有节奏;"逐水曲"主要考核御者驾车时沿着曲折的江河行驶时,是否能做到不颠簸坠落;"过君表"主要考核御者驾车驰入辕门时是否能做到不碰撞石磴;"舞交衢"主要考核御者驾车在交叉道上行驶时,能否做到轻盈而飘逸;"逐禽左"主要考核御者能否做到驾车追赶禽兽,使其向左边逃奔,以便君主射之。

除了设立了"六艺"的考核标准外,西周还按学习的年限确立了考核标准。《礼记·

学记》记载:"一年视离经辨志",即入学第一年考查学生能否分析经书的章句、能否辨明学习的志趣;"三年视敬业乐群",即入学第三年考查学生对学业是否专心、与同学相处是否和睦;"五年视博习亲师",即入学第五年考查学生是否学识广博、是否亲敬教师;"七年视论学取友,谓之小成",即入学第七年考查学生是否根据所学选择交友对象,结束第七年的考核后,方达到"小有成就"的标准;"九年知类通达,强立而不反,谓之大成",即入学第九年考查学生能否做到触类旁通、举一反三,在志向上能否做到坚定不移,通过第九年的考核后,方能达到"大有成就"的标准。

二、推荐与考核并举的两汉考试制度

两汉考试制度最典型的特点是推荐与考核并举。汉高祖时,即要求各地诸侯和郡守察访民间贤德之人并向上推荐。至汉文帝时,该措施开始制度化,由皇帝亲自进行考试考核(有时甚至亲自命题),并按考核结果予以任用。该项制度被称为察举制。制度化的察举制,是由州、郡等地方官在自己管辖区内进行考察,发现符合统治需要的人才,便以"孝廉科"、"秀才科"(东汉为避刘秀的讳,改为"茂才科")、"明经科"、"明法科"、"童子科"、"贤良方正科"等名目,推荐给中央政府,经过一定的考核,任以相应的官职。

察举制相对于原先实行的世禄世卿制来讲,是一大进步。但是这一制度又带有举士和举官不分、选举和考课不分、选举与教育分离、没有选官的专职官员、先选后考等特点,给各级官吏在察举中徇私舞弊留下很多空间,所以到了东汉末年,竟然出现了"举秀才,不知书;举孝廉,父别居;寒素洁白浊如泥,高第良将怯如鸡"的怪象。

三、重视唯才是举的魏晋南北朝考试制度

东汉末年,门阀地主势力强大,察举制逐渐沦为他们推荐自己人、巩固自己权势和地位的工具。曹操为打破门阀地主对人才选拔的垄断,提出了"唯才是举,以备录用"的用人政策,主张不拘一格任用有才之人。曹丕称帝后,综合了察举制和曹操唯才是举的政策,采用陈群的建议,立九品官人之法,即由有声望、善于识才之人任"中正",各州设大中正,各郡设小中正,由中正官考察当地人士,并将其分为九等(九品),官府据其所定,选择任用。

九品官人之法初建时,乡邑清议,不拘爵位,褒贬所加,有劝励作用。然而到了后期,开始被士族门阀所垄断,导致了"上品无寒门,下品无庶族"的结果。

第二节 科举考试制度

科举是中国古代重要的考试选官制度,始于大业元年(605),结束于光绪三十一年

(1905),历时 1 300 年。科举制度采用分科取士的办法,故名科举。科举制度曾是世界上最先进的官吏选拔制度,创造了灿烂的考试文化。

一、隋朝:科举制度的萌发

中国古代科举制度最早起源于隋代。隋朝用科举制代替九品中正制,把选拔官吏的权力收归中央。

大业三年(607),隋炀帝诏令文武官员有职事者,可以"孝悌有闻""德行敦厚""结义可称""操履清洁""强毅正直""执宪不饶""学业优敏""文才秀美""才堪将略""膂力骄壮"十科举人(公元 609 年,十科又改为四科),以"试策"(考核政治文章)取士。正如学者郭齐家所言:"科举考试取士的特点是录取标准专凭试卷,专重资才,而不是由地方察举。所谓声名德望已不再是录取的主要依据了。"科举不仅开创了一项选拔官吏的制度,还开创了全新的科举考试文化。唐朝史学家沈既济曾描述了隋代的考试盛况:"自隋罢外选,招天下之人,聚于京师,春还秋住,乌聚云合⋯⋯"

二、唐朝:科举制度的兴盛

唐朝承袭了隋朝的人才选拔制度,并做了进一步的完善。在唐代,科举制度开始兴盛起来。

1. 分类考试科目

在唐代,考试的科目分为两类:一类为常科,每年分期举行,因举行时间较为固定,故称为常科;一类为制科,由皇帝下诏临时举行考试。

常科的科目有进士、秀才、明经、明法、明字、明算等五十多种。其中最受时人重视、持续时间最长的两科是明经和进士。唐朝的许多宰相都是进士出身。明经、进士两科考试的内容为经义或时务,两种考试的方式也不一样。明经注重帖经和墨义。帖经就是任意选择经书中的一页,将左、右两边蒙上,中间只开一行,再用纸帖遮住其中的若干个字,让应试者填充。帖经可以算得上世界上最早的填空题。墨义,则要求应试者对经文的字句做简单的阐述。而进士科则注重诗赋,考核应试者的文学才能。相比靠死记硬背就可通过的明经科,进士科的难度明显大得多。

常科的考生有生徒、乡贡两个来源。生徒出身于京师或州县学馆,可以直接前往尚书省应试。而乡贡因不出身于学馆,故先要经过州县考试,及第后称举人,再赴尚书省应试。

常科考试最初由吏部官员主持,后改由礼部侍郎主持。进士及第称"登龙门",第一名称"状元"。唐代共出了140多个状元,其中有我们熟悉的大诗人王维、书法家柳公权等。通过常科考试后,仍不能授予官职,还必须经过吏部考试——选试。若吏部考试落选,则只能先去节度使门下做幕僚,再争取官职。

2. 重视名人推荐

唐代取士保证了一定的公平性,但比较有限,这主要表现在考试成绩并非取士的决定性因素,有志之士要想通过科举,还需名人推荐。考生为出人头地,纷纷投靠达官贵人、公卿士族门下,献上自己的代表作,这是唐代科举的一大盛景。名人推荐,自然能发现一些有才之士,但也避免不了徇私舞弊的现象。

3. 开殿试之先河

延载元年(694)二月,女皇武则天亲自"策问贡人于洛成殿",这是我国科举制度中殿试的开始。

4. 出现了武举

唐代科举制的另一发展是出现了武举。长安二年(702)武则天开武举,由兵部主考,应武举的考生来源于乡贡。考试科目有马射、步射、平射、马枪、负重等。

三、宋朝:科举制度的革新

宋朝的科举也分为常科、制科。但相比唐朝,宋朝常科的科目大大减少。其中进士科仍然最受重视,进士一等入仕宰相的概率非常高。宋朝学者吕祖谦说:"进士之科,往往皆为将相,皆极通显。"宋朝科举,在形式和内容上都进行了重大改革。如为防作弊推出的糊名和誊录制,录取名额的增加,三级考试制度的确立,考试内容的革新,都展现了全新的科举文化。

1. 确立了糊名和誊录制

宋朝对科举最大的革新手段之一就是糊名和誊录。宋太宗时,为应对科举中越来越严重的徇私舞弊现象,采纳陈靖的建议,对殿试实行糊名制。至仁宗朝,省试、州试均实行糊名制。所谓糊名制,就是把考生考卷上的姓名、籍贯等个人信息密封起来,又称"弥封"或"封弥"。但是,糊名之后,还可以认识笔迹。于是,宋廷又规定将考生的试卷由其他人重新抄写一份。考官评阅试卷时,评的是抄写卷。通过这两项制度,考官既无法知晓考生的姓名,也无法辨认考生的字迹。糊名和誊录制度对防止主考官徇情评卷发挥了很大的效力。

2. 扩大了录取的名额

跟唐朝相比,宋朝科举的录取名额扩大了十倍有余。唐朝每年各科考试录取的人数通常是二十人左右,一般不会超过五十人。而宋朝时录取名额一般为二三百人,多的可以达到五六百人。对于屡考不第的考生,宋廷又额外给他们一次机会,即允许他们在遇到皇帝策试时,可报名参加复试。除此之外,屡考不第的考生也可奏请皇帝开恩,赏赐出身资格,委任为官吏,开后世恩科的先例。比较典型的是宋太宗端拱元年(988)的科举。当时,礼部已取进士二十八人,诸科一百人。发榜后,为安抚当时针对录取结果的议论,宋太宗又从未录取人中复试,取七百余人。

3. 常设三级考试制度

宋初科举,仅有两级考试制度:一级是由各州举行的取解试;另一级是礼部举行的省试。宋太祖开宝六年(973),正式确立殿试,将州试、省试和殿试的三级科举考试制度设为常制。跟唐朝不同的是,宋朝殿试之后,无须再经吏部考试,可直接授予官职。

4. 确立了三年一考的定制

宋初科举,举行时间并不固定,有时一年举行一次,有时两年举行一次。治平三年(1066),正式定为三年一次。这一制度一直持续到晚清时的最后一次科举。

5. 改革考试内容

宋朝科举考试的内容基本上沿袭唐制,进士科考帖经、墨义和诗赋。王安石任参知政事后,出于通经致用的目的,对科举考试的内容进行改革,取消诗赋、帖经、墨义,专以经义、论、策取士。所谓经义,是指将经书的某些语句作为考题,考生就写一篇短文,用经书中的意思去发挥阐述主题。熙宁八年(1075),宋神宗下令颁发王安石的《三经新义》和论、策取士,废除诗赋、帖经、墨义取士。同时,规定了考生的必读书目,包括大经《易官义》《诗经》《书经》《周礼》《礼记》与兼经《论语》《孟子》。进士考试分为四场:一场考大经;二场考兼经;三场考论;四场考策。殿试仅考策,限千字以上。

王安石的改革遭到苏轼等人的反对。随着王安石变法被废除,《三经新义》也被取消。此后宋朝科举有时考诗赋,有时考经义,有时兼而考之,多有反复。

四、明朝:科举制度的鼎盛与僵化

元朝科举开四书试士先例,为后世的明清科举所继承。明朝科举制进入了鼎盛时期。明朝统治者把科举当作钳制思想的重要工具,对科举制度进行了大幅改革,其严密性远超以往历朝历代。因其过于严密和刻板,科举考试文化也逐渐走向了僵化。

1. 官办教育与科举紧密捆绑

明朝进学校接受官办教育成为参加科举的必经之路,官办教育与科举紧密捆绑。主要表现为以下三点:

一是官办教育以科举为导向。在明朝,无论是国子监教育,还是府州县学教育,都完全以科举为导向。明太祖洪武二十六年(1393),明廷制定府州县学教官考核法,把科举作为府州县学教育的中心,科举成绩成为考核教官称职与否的最重要的依据之一。

二是科举与官办教育互为基础。教育的教学内容完全以科举考试的科目为中心,而科举考生也以官办学校生员为主体,明后期科举考生几乎完全来源于学校,从而使官办教育完成以科举考试为导向,而科举考试也成了完全以官办学校教育为基础的考试。

三是官办教育成为科举的重要补充。在明朝,科举落第者可在官办学校谋一份教职,官办学校功名及其入仕途径也是科举功名的重要补充。

2. 严密的三级考试体制

明朝科举延续了宋朝的三级考试体制,分为乡试、会试、殿试三级。乡试由地方政府组织考试,每三年举行一次,称乡闱。又因为其是在秋季举行,故又称秋闱。考试分三场,分别于举办考试当年的八月九日、十二日和十五日进行,考试的场所称为贡院。乡试考中的称举人,第一名称解元。主持乡试的有两位主考和四位同考(副主考),一位负责提举调动的"提调"一人,以及若干其他官员。

会试又称礼闱,是由礼部主持的全国考试,于乡试的第二年举行。因考期在春季的二月,故称春闱。会试也分三场,分别在举行科举当年的二月初九、十二、十五日举行。会试的组考更为严格,其主考、同考以及提调等的人数比乡试多一倍,而且都由较高级别的官员担任。主考官称总裁,又称座主或座师。考中的称贡士,第一名称会元。

殿试在会试后当年举行,时间最初是三月初一。明宪宗成化八年(1472)起,改为三月十五。通过会试的贡士即可参加殿试。殿试由皇帝亲自主持,不淘汰考生,皇帝根据殿试成绩给贡士重新安排名次。殿试录取分三甲,即一甲、二甲和三甲,通称进士,所以殿试榜又称进士榜、甲榜或甲科。一甲录取三名,赐进士及第,第一名称状元、鼎元,第二名称榜眼,第三名称探花,合称"三鼎甲"。二甲、三甲各取若干名。二甲赐进士出身,三甲赐同进士出身。二甲、三甲第一名皆称传胪。乡试第一名叫解元,会试第一名叫会元,解元、会元与状元合称三元。要做到"连中三元"难度非常大,明朝连中三元者仅洪武年间的许观和正统年间的商辂二人。

3. 实行八股取士

八股文是明朝科举的一大发明。明朝的科举与八股文紧密结合。八股文,又称制义、制艺、时文、时艺、八比文、四书文,即用八个俳偶组成的文章。八股文的主要部分,是起股、中股、后股、束股四个段落,每个段落各有两段,共八段,故称为八股文。

八股文非常死板。题目必须是出自四书、五经中的文句,而且只能依照题义阐述其中的义理。在写作过程中,措辞要用古人语气。八股文的格式也很死板,结构要严格按规定安排,句法要求对偶,字数也有严格限制。明朝乡试、会试的头场考试都考八股文,能否考中就取决于八股文的优劣。当时的很多书生常常在八股文的写作上耗尽自己的一生,而一无所得。八股文创作上的死板,是统治者刻意为之的,严重束缚了应试者的思想。

五、清朝:科举制度的衰退

清朝的各项制度均承袭明代,科举制度也不例外。在清朝,科举与学校捆绑紧密,要求科举必出学校,只有各类学校的生徒才能参加科举。值得一提的是,除了官办学校,在清朝,作为私学的书院也逐渐沦为科举的附庸。鉴于明朝书院的"东林之祸",清朝对私人书院严加控制,要求书院讲课的主要内容也是八股文。私人书院与官学已无太大区别,完全沦为了科举的附庸。

清代科举的另一特点是贯彻民族歧视政策。建朝初期,旗人做官不必经过科举。雍正年间,又分满、汉两榜取士,旗人在乡试、会试中只考翻译一篇,称翻译科。

清朝对八股文的推崇更甚于明朝,科举制日趋僵硬、没落。在国门被打开后,受现代教育体制的冲击,科举最终消亡。

第三节 民国时期的高考制度

民国时期文官考试与教育考试分别设置。本书主要探讨民国时期的高等教育入学考试。

一、北洋政府时期高等学校招生考试制度

民国初年,北洋政府教育部颁布了《大学令》《大学规程》《专门学校令》《公立私立专门学校规程》,规定了大学院、大学、专门学校的入学资格和入学考试的标准,正式确立了我国高校招生考试制度。

1.分大学院、大学和专门学校三类进行招生

北洋政府时期,高等学校按照大学院、大学和专门学校三类进行招生。

大学院修业年限不定,招收大学本科毕业生或经考试有同等学力者。

大学则设预科和本科。预科学制三年,本科学制三至四年。预科招收中等学校毕业生,或经考试有同等学力者。若报考人数超过招生名额,则举行选拔考试,称"竞争试验"。预科分三部分别招生:第一部招收文科、法科、商科学生;第二部招收理科、工科、农科学生;第三部招收医科学生。本科招收预科毕业生或经考试有同等学力者。此处

所言之预科学校必须是遵照《大学规程》举办的学校,若系其他预科学校的毕业生,则要通过入学考试方能入大学本科。

专门学校则分三类:预科、本科和研究科。预科学制一年,本科学制三至四年,研究科学制一年以上。三类学校的入学资格均要求是中等学校毕业生或同等学力者。1922年11月1日,北洋政府以大总统令颁布了《学校系统改革案》,该法案确立的学制称为1922年"新学制"。因1922年系农历壬戌年,故又称"壬戌学制"。根据该学制,高等学校取消了预科,设专修科。要求大学和专门学校的入学资格,均为高中毕业生。

2. 实行高校单独招生

北洋政府时期,教育部未对高校招生有过多的干涉和控制,高校招生权在高校,招生章则由各高校自行发布,考试科目、命题、组考、阅卷、确定录取标准、录取等工作由各高校自主组织。

在公开招考之前,各高校按照教育部规定公布招生章则。招生章则一般包含四个部分:第一部分公布学校招生人数,规定投考资格;第二部分公布考试科目、考试时间和考试地点;第三部分规定报考须履行的有关手续;第四部分是入学须知,规定新生到校报到的有关注意事项。

由于各高校招考时间未统一,故考生可以错开时间,参加数校招考。若同时被多校录取,则由考生自行与高校协调后,择一校入读。

二、南京国民政府时期高等学校招生考试制度

南京国民政府统治时期,高等学校招生考试制度经历了四个阶段,即高校单独招生阶段、国家计划招生阶段、国家统一招生阶段和招生政策多元化阶段。

1. 高校单独招生阶段

1927年,南京国民政府成立。南京国民政府延续了北洋政府的高校招生考试制度,实行高校单独考试。由于缺乏统一规划和设计,该制度弊端日显。各高校趋于选择开设热门的文科、法科、商科和教育科,而理科、工科、农科、医科等则开设较少。这导致了前者的毕业生激增,而后者的毕业生较少。"九一八"事变后,日寇加快了侵华的步伐。为抑制日寇侵略,发展国民经济,政府亟须培养大量理、工、农、医类人才,故高校单独招生政策只持续到了1932年。

2. 国家计划招生阶段

针对高校单独招生产生的系列问题,1933年,南京国民政府教育部开始实行高等学校计划招生。该政策一直执行至1937年,"七七"事变爆发后,南京国民政府再次对

高校招生政策进行了改革。

计划招生政策的执行出现了两个阶段。第一阶段是1933年至1934年实行"比例招生法"。即要求设有文、实两类学院的大学,文科类学院所招新生数额(连同转学生在内)不得超过实科类学院新生数额,从政策上保证理、工、农、医类等实科专业的招生人数。

第二阶段是1935年,根据国家的需要和前两年的实际招生情况,南京国民政府教育部再次修改了计划招生政策,以实际名额控制代替"比例招生法"。所谓实际名额控制,即规定大学文科类学院招生,每一学系所招新生及转学生之数额不得超过三十名。为保证该政策的落实,教育部强调"凡未依照本办法办理者,其新生入学资格,教育部不予承认"。该政策成效明显。通过这一严厉措施,文、法、商、教育类学生所占的比例得到了有效控制,理、工、农、医类学生的比例由1931年的30%增加到了1937年的50%以上。

3. 国家统一招生阶段

"七七"事变后,随着日寇侵华战争的全面推进,国家与民族皆处于危难之中。国内、国际环境均发生了深刻变化,国家各行各业的基本政策被迫发生了改变,高校招生政策也是如此。1938—1940年,重庆国民政府逐步推进高等院校统一招生。1938—1939年,实现了国立各院校统一招生考试。1940年,教育部设立公立各院校统一招生委员会,负责制定招生规章,设立命题,以及阅卷、成绩复核、招生录取等,实现了公立各院校统一招生考试。

4. 招生政策多元化阶段

1941—1949年,受战争的影响,先在重庆、后迁至南京的国民政府实行多元化招生政策,单独招生、联合招生、委托招生、成绩审查、联合考试等制度因地制宜,同时使用。

(1)高校自主招生

因日寇侵华,各校迁移分散,联络日益困难,统一招生考试政策难以执行。1941年,重庆国民政府教育部取消了统一招生考试,重新恢复各高校自主招生政策,要求各高校根据前一年的招生情况,拟定当年的招生名额,再根据拟定名额自行定期招生。

(2)联合招生

为方便高校招生和考生报考,1942年,重庆国民政府取消了教育部统一招生委员会,出台了联合招生政策,即由教育部划分考区,考区内各高校(公立和私立)联合招生。全国被分成十个考区:重庆区、成都区、昆明区、贵阳区、湖北区、湖南区、粤桂区、浙赣区、福建区、西北区。举行联合招生的各区,成立联合招生委员会,负责联合招生的命题、考试、阅卷和招生工作。每一区指定一所公立大学为召集学校，其校长为召集人。

(3) 委托招生

为便于院校招收其他考区的新生，教育部出台了"委托招生"办法："凡不在本区的院校，可以征求他区同意，委托他区代为招生。受委托之各区可以另行组织考试，代为招收学生。对未设立招生考区的地区（主要是沦陷区和游击区），教育部允许院校采用成绩审查办法招收学生，但以优良高中成绩之优秀毕业生为限，经甄审合格者，让其参加复试，复试成绩较次者，可取为试读生或授以补习课程。"

(4) 联合考试

1943年，重庆国民政府教育部举办了高中毕业生夏令营，尝试将高中毕业会考与专科以上学校入学考试统一为一门考试，即将高考与会考合并，称为"联合考试"。教育部和各省分别设立了联合考试委员会，在江西、贵州和甘肃三省试点。高校凭考生联合考试成绩确定是否录取。

第四节　新中国高考制度

1949年新中国成立时，中央人民政府确立了"暂稳现状，即日开学"的办法，由高校沿袭以前的招生办法组织入学考试。

1950年5月26日，教育部颁布了《关于高等学校1950年度暑期招考新生的规定》（以下简称《规定》），《规定》标志着新中国有组织、有计划地实施高校招考的开始。《规定》要求在高校单独招生的基础上，试行由各大行政区分别实行全部或局部的联合或统一招生的办法，其中规定国文、外国语、政治常识、数学、中外历史、中外地理、物理、化学为各系科共同必考科目（外国语允许免试），各校可根据系科的性质，分别加试其他科目，对有3年以上工龄的产业工人、参加工作3年以上的革命干部及革命军人、少数民族学生、华侨学生从宽录取。

1952年6月，中央人民政府成立全国高等学校招生委员会，负责规定统一的报考条件、考试科目、政治审查标准、健康检查标准、录取新生的原则及招生的方针、政策、办法，组织全国统一命题，规定统一的考试时间。教育部规定全国高等学校除个别学校经教育部批准外，一律参加统一招生。招生名额应报请审核批准，严格禁止乱招乱拉。这是新中国高考制度建立的标志。

1958年，在"大跃进"的背景下，统一招考改为高校单独招生或联合招生，1959年又恢复全国统一招生，直到1965年。

1966年6月13日，中共中央、国务院发出通知，决定当年高等学校招生工作推迟半年进行,同年6月18日《人民日报》发表社论,宣布"废止现行的高等学校招生考试办法"。1966—1971年,大学停止招生。

1972—1976年,大学采取"自愿报名,群众推荐,领导批准,学校复审"的办法招收工农兵学员。

1977年9月,教育部在北京召开全国高等学校招生工作会议,恢复全国高等院校招生考试,以统一考试、择优录取的方式选拔人才。

第三章　部分国家高等院校招生考试制度

本章主要介绍曾对中国高考制度产生较大影响的苏联高等院校招生考试制度和当前部分发达国家的高等院校招生考试制度。

第一节　苏联高等院校招生考试制度

苏联解体之前,其国民受教育水平在世界各国当中名列前茅,每万人中的大学生人数仅次于美国、加拿大和古巴,居世界第四位,远远超过南斯拉夫、英国、日本、法国和西德。1949年后,我国政治、经济、文化等方面全面向苏联学习,高等教育也不例外。

一、工农大众及其子弟优先入学时期

十月革命胜利后,苏维埃政府宣布废除沙皇俄国时期的高等学校招生制度,建立了体现社会主义特色的高等学校招生制度。该制度强调社会主义国家的高等教育首先向工农大众及其子弟开放,由国家供给食物、服装和学习用品,使无产阶级实际上有接受高等教育的可能。1918年,苏维埃政府在高等院校内设立工农速成中学,帮助欲进入大学学习的工农子弟在较短的时间内掌握必备的科学文化基础知识。该制度对我国高校招生影响深远。1966年,我国取消高考,1972年至1976年高等院校实行推荐入学,招收工农兵大学生,借鉴的就是这种模式。

二、自由报考时期

1932年,随着苏维埃政权的巩固,苏联废除了十月革命胜利后实施工农子弟优先推荐入学的高等院校招生制度,实施自由报考、择优录取的考试制度。新制度不再强调阶级出身,而是规定所有公民无论家庭出身、财产状况、宗教信仰等,均可享受高等教育。高等院校招生录取由推荐入学改为通过高等学校组织的入学考试,按入学考试成绩择优录取。

三、控制高中生录取人数时期

1950年后,随着高中教育的普及,苏联高中毕业生数量激增,而现有的高等教育办学规模无法满足越来越多的高中毕业生接受高等教育的需求。为缓解高等学校招生的压力,1958年,苏联政府出台了新的高校招生录取政策,规定高等学校直接招收的应届高中毕业生不得超过录取总人数的20%,优先录取有两年以上工龄的青年。该政策持续了六年。1964年,苏联政府废除了这一政策,恢复高等院校直接从高中毕业生中招生的政策,一直执行到苏联解体。

第二节 美国高等院校招生考试制度

一、美国高等院校招生考试制度发展概述

作为联邦制国家,美国的教育一直由各州自行管理。国家层面的教育部迟至1979年才成立。然而,它对高等院校课程设置、招生考试也无太多干涉。

从殖民地时代到《莫雷尔法案》出台之前,美国的高等院校较少,院校的规模也较小,招生考试由各院校自行组织。1862年,美国国会颁布《莫雷尔法案》,由联邦政府向各州赠送国有土地以建立高等院校。这一政策导致美国高校激增。随着高等院校数量的增加,高等院校招生录取政策也出现了一些新的变化。

1870年,密歇根大学率先实行证书录取制度。所谓证书录取制度,即高等院校依据中学毕业证书进行录取的制度。具体操作方法是,高校对本州的中学进行调查,了解各中学的师资、教学能力、设备、课程设置和教学质量等情况,根据评定结果决定该中学是否成为与大学学制相衔接的中学。对于认可的中学,其毕业生凭毕业证书或校长及州长的介绍信就可以进入相应的大学学习。

至19世纪末,该项制度已在全美普遍推广。

第一次世界大战之后,随着美国经济的发展,美国各州之间的联系越来越紧密。为适应这一变化,以哥伦比亚大学为首的部分院校逐步建立起超越学校和地区的考试机构,标志着美国大学升学考试的出现。1900年底,美国首次出现跨州的考试机构"大学入学考试委员会"。该委员会于1901年6月举行了美国历史上第一次大学升学考试。1959年又成立了美国高等教育测试中心。

第二次世界大战之后,为保证生源质量和教育质量,美国大学依据招生录取的自主权,又开始尝试多种形式的入学考试。如名牌高校单独组织考试,实行宽进严出、中期淘汰制等。

二、当代美国高等院校招生考试的三种主要制度

当前,美国高等院校招生考试主要有以下三种制度:

1. 开放式招生考试

几乎所有的社区学院和大多数文理学院都执行这种制度,即具有高中毕业资格的学生均可被录取。

2. 选拔制考试

相当多的州立大学执行这种制度。选拔制考试对报考者的学力有一定要求。

3. 竞争式考试

这种选拔比较严格,只有那些出身知名高中或者平时表现出色且考试成绩优异的学生可能被录取。它对学生的考查比较全面,不仅仅关注成绩,还重视学生在高中的表现和日常测验的成绩。

三、现阶段美国高校最重要的入学考试

当前,美国最重要的全国统一大学入学考试,是由美国最有影响力的考试机构"教育测量服务中心"(Educational Testing Service,ETS)和"美国大学考试公司"(American College Testing Program,ACTP)所主持的 SAT、ACT 考试。

1. SAT

SAT 是英文 Scholastic Assessment Test 的缩写,源于 1926 年的学术倾向测验(Scholastic Aptitude Test),1994 年更名为"学术评估测验",是由教育测验服务公司(Education Test Service,ETS)提供的一种美国大学入学考试,分别于每年的 1、5、6、7、10、11 和 12 月举行。SAT 考试旨在评价学生的认知能力和分析能力,一般与中学教育内容无太大的关联。

SAT 是目前极受欢迎的美国大学入学考试,每年吸引了 200 多万名美国高中生参加考试,其成绩为多数大学所承认。SAT 学术评估测验分为如下三项:

(1)PSAT 测试。即 SAT 的预备测验,命题形式与 SAT 相似,每年 12 月进行一次,考试科目为英文与数学,单科满分为 80 分。计分形式是英文分数乘以 2,再加上数学得分。若总分超过 200 分,则可成为国家优胜奖学金的候选人。学生参加 PSAT 的次数不限,但优胜奖学金的审核仅以 11 年级(相当于我国高中二年级)的成绩为依据。出于奖学金的吸引,许多优秀学子会选择 PSAT 测验。

(2)SAT-Ⅰ测试。为综合测试部分,包括英文和数学,称为理解测验(Reasoning Test),以测试学生的学术能力为主。考试时间为 2 小时,英文和数学各 800 分,满分为

1 600 分。英文主要测试学生的阅读理解能力和词汇量,数学主要测试学生的逻辑推理和简单计算能力。

(3)SAT-Ⅱ测试。为单科测试,如物理、生物、化学等,因此又称为学科测验(Subject Tests),主要测试学生在不同科目学习方面的理解能力和掌握程度。SAT-Ⅱ测试时间为 2 小时,考试科目包括英文、数学、社会科学、自然科学和外语五大主科(主科下又分为十几种其他科目)。其中必考的有三门,除了数学、英文(主要是写作)以外,另一门则由学生根据自己的具体情况自由选择。学生可以选择自己最擅长的考试科目,也可以根据大学入学后将要选择的专业来选择考试科目。

绝大多数院校要求学生提交 SAT-Ⅰ测试的成绩即可,部分一流大学会要求学生必须拥有 SAT-Ⅱ测试的成绩。

2. ACT

ATC 是 American College Test 的缩写,即美国高校测试。20 世纪 50 年代,为考查高校报考学生是否具有进入大学学习的基本学习能力,美国大学考试公司开始推行 ACT。1975 年,美国大学考试公司颁布《美国高校测试纲要》,该纲要对 ATC 的目的做了界定,即"美国高校测试的目的是帮助学生了解自己的能力与兴趣类型,了解自己今后需要受何等教育;为中学和大学指导学生提供可靠的综合性参考资料;评价学生的学习能力和课外活动能力;向大学提供学生的中学学习成绩,供设置课程和分班作参考等"[①]。现行 ACT 考试于每年的 2 月中旬、4 月中旬、6 月初、10 月底和 12 月初举行,共 5 次。ACT 考试与中学教学有一定的关联度。

第三节　日本高等院校招生考试制度

一、第二次世界大战结束前的大学入学考试制度

明治维新后,日本全面学习西方,仿照西方的模式建立了现代教育制度。1881 年,日本正式确立了大学入学考试制度。明治和昭和时期,日本对外发动侵略战争,对内强调国家主义,强调一切为了国家、一切服从国家的需要。这一意识形态也充分体现在日本在教育和大学入学考试中。这一时期的考试主要是大学预科的考试,由各高校自主命题,考试的主要方式是笔试。

1945 年,日本对大学入学考试进行了改革,实行"综合评价录取方法"。在招考过程中,先是依据考生原毕业学校校长的调查书,按招生定额的 2 倍进行初选,然后再依

---

① 孙中涛,赵芹.美国高校的招生制度及其对我国的启示[J].现代教育科学,2007(09):98-102.

据笔试成绩、口试成绩、身体检查结果进行综合评价选拔。笔试试题由日本文部省统一制作,试题以考查考生的能力和素质为主,不以基础知识为中心。

第二次世界大战期间,日本青年绝大多数被派往战场,导致大学生源不足,因此实行全员入学办法。大学入学考试分四次进行。第一次考试于8月19日进行,若招生不够,参考考生可全部入学。再于9月5日和9月20日进行第二次和第三次考试。若招生仍不够,由各大学申请第四次考试,经文部省批准后实施,直到招满为止。专门学校和实业专门学校毕业的学生,可于第二次招生之后报考。

二、第二次世界大战结束后的大学入学考试制度

第二次世界大战结束以后,日本的高等教育改革政策由民间情报局、教育局、美国教育使节团、教育改革委员会共同制定,其目的就是废除军国主义高等教育体制,建立民主化高等教育体制。

1.适应性测验改革

1946年,日本从美国引进考试制度,决定于1947年在高中实行智力测试,1948年改为升学适应性测试(升学能力测试)和知识考试并用。升学适应性测试通过对考生语言推理、理解能力和非语言推理、理解能力的测试来考查考生运用已掌握知识的能力。

为提高考试的信度和效度,升学适应性测试采取以小题多问、判断选择等形式为主的方式。知识考试科目有国语、数学、社会、理科和英语5科。考试试题以应用题为主,要求考试内容符合教学目标。其教育价值高,注重知识的覆盖面和基础知识,侧重于检验学生运用基础知识和基本原理来解决实际问题,防止单纯的知识背诵和蓄积。它注重考试的客观性,尽可能采用多题量,简化试题形式,控制试题的难度。

录取时要参考考生调查书,全面了解考生健康情况、品德和特长。录取采用三项等价单一指数录取,即用高中成绩、知识考试和升学适应性测试三项成绩合成一项指数进行录取。

同时,文部省要求大学入学考试由知识考试和升学适应性测试组成,两者分别实施。各府县成立升学适应性测试监理审查机构,由县国立大学校长负责,如有两所国立大学,可交替负责。测试前,要公开试题样题,可在报刊发表;测试后,要公布成绩概况,可在报刊发表。

升学适应性测试在日本高考改革中起到了承上启下的作用,它打破了日本旧有的考试体系,影响了日本未来的高考改革。因其舶来于美国,不能完全适应日本本国的教育环境,故遭到了各高中和大学的反对,要求废除它的声音很高。1955年,升学适应性测试被取消,正式退出日本高考舞台。

值得一提的是,在这一时期,日本还出现了短期大学。短期大学于1950年开始设

立,是作为暂时措施设立的两年或三年制的大学。1950年开始招生,有149所;到1952年,增加到205所,其中私立的167所,公立的31所,国立的7所。短期大学的学生有5万多人,以学习文学、法政商经和家政的学生居多,占学生总数的81%。

2. 高考改革的徘徊期

适应性测试被取消后,日本对大学入学考试进行了多种尝试,但效果皆不明显。1950年代中期,大学入学考试重回以知识考试为主的体制,实行偏差值(标准分)录取的方法,强调分数第一。

为改变知识考试重知识、轻能力的弊端,加强学生能力考查,同时也为了实现全国统一考试,1963年,日本成立了能力开发研究所,在高考中推行能力开发研究所编制的测试,简称"能研测试"。能力测试分为学力考试、升学适应性考试和职业适应性考试。因为当时响应的大学不多,"能研测试"于1968年中止。1969年,能力开发研究所自行解散。

3. 全国统一考试改革

20世纪六七十年代是日本高等教育向大众化阶段转变的大发展时期。其基本特征是以社会需求为导向,以多样化的高等教育体系为保障,以发展私立高等教育为主的快速发展道路,逐渐形成了包括大学、短期大学、高等专科学校和专修学校四个层次的系统结构。1960—1979年,日本万人以上的大学由10所增加到41所,5 000人以上的大学由18所增加到60所。1960年日本共有本科大学245所,1970年增加到382所。1960年日本共有本科大学在校生60多万人,1970年增加到140多万人。日本的高等教育入学率由1960年的10.3%增加到1970年的24.0%。高等教育结构的调整刺激了大学入学制度的改革,改革考试选拔制度成为日本高等教育改革的重点之一。这一时期也是日本的考试制度变革最为频繁的时期。

1967年11月,日本国立大学协议会总会正式决定从1979年开始实施全国统一考试(日本称共同学力第一次学力考试)。1977年日本修订了《国立学校设置法》,正式成立国立大学统一考试实施机关——大学入学考试中心,作为实施和管理国立大学统一考试的机构。1979年文部省相继公布统一考试实施大纲,大学入学考试方法、日程和有关事项,并于当年正式实施全国统一入学考试——全国共同学力第一次学力考试,全国公立大学全部参加统一考试。

国立、公立大学的入学考试分为两次:第一次为统一学力考试,由大学入学考试中心主持;第二次为单招性质的考试,由各大学单独组织实施。统一学力考试的科目包括语文、数学、外语、社会和理科,在每年1月下旬的星期六和星期日两天举行。考试由大学入学考试中心根据日本文部省制定的《高中教学大纲》命题,统一学力考试合格者方可参加大学单独入学考试。大学单独入学考试由各大学、学部实施,时间为每年的2月和3月,考试方法多种多样,有笔试、面试、小论文写作、实际操作等,主要测试考生的学术方向和学术潜力。①

日本实行两次考试制度,较过去有了很大进步,但也出现了一些新的问题,其中之一就是考生在一年内只能报考一次大学。为了解决这个问题,从1987年起采用A,B两组的招生考试办法,即把高校分为A,B两组,考生可按不同的日期报考两所大学。但这种办法实行后又出现了新的问题:一些大学录取之后,考生因报考别的大学而不报到,出现了新生学额的空缺。②

1988年,日本大学入学考试改革协议会以《大学招生改革报告》的形式,通过了新的高校招生考试办法。这种新制度在1979年起施行的招生考试制度的基础上进行了大幅度的改革,新制度从1990年起在全国实施。1990年日本改革高校招生考试制度的基本方针是:从考生未来就业和各高校学科、专业的要求出发,重视发展学生的个性和能力,培养有渊博知识和较强工作能力的建设者。因此,高校招生考试不应当成为为难学生的关卡,也不应当引导学生去死记硬背那些书本知识,而应当重视考生能力的考核。

除了两次考试以外,日本目前也在部分大学实行推荐入学制度。具体做法是:大学留出部分招生名额来招收中学校长推荐的优秀学生,被推荐的学生要参加全国共同学力第一次考试,但可以免去第二次考试。以上讲的都是国立和公立大学的招生考试。在日本,私立大学的数量远远超过国立大学和公立大学,约占大学总数的80%。私立大学的招生办法因校而异,有的自行举行考试,有的选用大学入学考试中心考试,有的采用中学推荐入学等。③

此外,有统计数据显示,日本适合升入大学的青年从1992年的205万人减少到2002年的150万人,减少了55万人。2003年升入大学的学生也减少了8万人,2003年日本全国521所私立大学中147所招不满学生。大学升学率从1992年的66%提高到2002年的83%。2007年,日本的大学能基本满足有升学欲望的学生要求。2010年减少为121万人,鉴于这种情况,相当多的私立大学把高考科目减少为3科。

4."AO入学考试"改革

"AO"是美国大学负责招生的部门"Admission Office"的简称。"AO入学考试"注重对考生的全面考查,侧重面试,重点选拔有强烈学习愿望、目标明确的考生。根据规定,下列标准当中,考生必须满足至少一条,方能被录取:学习成绩优秀;在学术、文化、

---

① 方勇.日本的高考制度及其改革[J].新闻周刊,2004(25):26-27.
② 赵建之,高书芩.日本高考制度的改革[J].中国高校招生,1999(05):63-64.
③ 方勇.日本的高考制度及其改革[J].新闻周刊,2004(25):26-27.

艺术、体育等领域有突出成绩;参加过志愿活动;有高等技术资格证书;在高中担任过指导学生工作;语言或计算机能力优异;等等。1990年起,日本大学入学考试进入了多样化阶段,其中,"AO入学考试"最能代表这个趋势。1990年,庆应义塾大学率先引进这种方式。2000年以后,许多大学纷纷效仿。根据日本文部科学省统计,2006年度的高考共有401所大学采取"AO入学考试",其中包括25所国立大学、12所公立大学和364所私立大学。"AO入学考试"的具体实施因大学而异。东北大学、庆应义塾大学和早稻田大学等名牌高校侧重"选拔":先审核考生材料,要求合格者提交论文或报告以及详尽陈述入学动机和目标的志愿书,筛选之后面试。静冈大学、立命馆大学和福冈大学等则侧重"体验":根据考生在模拟课程和研讨会上的表现及其提交报告的内容和成果,判断他们是否符合要求。①

第四节 德国高等院校招生考试制度

一、自由入学时期

14世纪中期,在普鲁士统一之前的德语区,陆续出现了一批大学,如布拉格大学、海德堡大学、科隆大学。15世纪则诞生了莱比锡大学、图宾根大学等。受欧洲其他地区大学的影响,这些大学实行自由入学制度。这些大学招收每一个愿意上大学的人,不管其出身贵贱、家境贫富、年龄大小、居住远近,也不管其所受的预备教育情况如何,甚至对入学时间、学习期限等问题都没有明确的规定。

16世纪至17世纪,德语区出现了一批新大学。这些大学沿袭了"自由入学"的传统,但为了保证一定的生源质量,还是对入学条件做了些要求。如有些大学要求学生在入学前应在学校学习过拉丁语、科学基本知识、数学、自然及写作等学科的入门知识。进入18世纪,"自由入学"的要求开始多了起来,有的学校开始有了自己的入学考试,有的设立了预科学校提供预科教育。

实际上,德语区这些早期大学实行的"自由入学"制度,还是受到了一定的限制,比如女性是被排除在外的。直到1908年,女性才获得了进入大学的权利。其次,它们在一定程度上是受教会控制的。教会的一些教令、禁令限制了大学的招生,如私生子和被教会视为品行不端的人是不得进入大学学习的。

二、中学毕业会考制度时期

18世纪,普鲁士逐渐统一了德意志各邦,君主的利益开始在大学教育中体现,开始

---
① 段胜男.日本高考:参加过志愿活动就能录取?[OL].北京教育头条,2016.

逐渐取消传统的"自由入学"的做法,大多数大学对新生入学实行了地区范围限制,缩小招生区域,禁止外国人进入大学学习。因此,一些国外的学生逐渐在大学里消失了。同时,受启蒙思想的影响,德国的大学开始采用现代教育制度,逐步摆脱教会的控制,转由国家兴办。大学慢慢变成国家机构,服务于政治、经济和文化。

1708年,普鲁士国王弗里德里希一世发布"反对滥用大学学习"敕令,该敕令提出了严格入学条件的问题。这是德国教育史上第一个关于大学入学问题的文件,但没有提出具体和明确的措施。

1718年,普鲁士政府颁布了《关于青年在中学和大学学习的新规定》,该规定是德国第一个直接涉及大学入学许可的行政条例。该条例规定,大学入学考试和学生的注册工作由系主任主管。申请者在大学校长及系主任那里申请入学,缴纳学费,登记注册,然后宣誓入学,成为一名正式的大学成员。但这一制度并不注重考查学生个人的入学许可条件,如学习能力、知识和技能情况等。而且,由系主任负责的入学考试对学生的录取产生的作用非常小,所以这种考试形同虚设。

18世纪后期,普鲁士教育界针对中学毕业考试、大学入学考试、大学入学资格及大学学习能力等问题进行了广泛的讨论。专家普遍认为,应以中学毕业考试来取代大学自己设立的形式上的入学考试。1787年,普鲁士成立了专门的国家机构——高级学校委员会,主管中等和高等学校的教育教学工作。1788年12月23日,普鲁士又颁布了关于"高级中等学校考试"和"大学考试"的两个规章条例,其中规定:"将来所有从国家中学到大学的青年人,在中学毕业后都要进行公开考试,以此获取一个有资格或者不够资格进入大学学习的毕业考试证书"。① 即从1788年开始,大学入学申请者必须经过中学毕业考试或大学入学考试,否则将不能在大学注册,也不能获得国家奖学金。这一制度所起的作用依然有限。②

三、资格考试制度的建立

1808年至1810年,著名教育家、时任普鲁士教育部长洪堡领导制定了一个新的文科中学毕业考试条例,该条例于1812年开始实施。条例规定了文科中学毕业考试的六门课程的笔试及口试要求,共涉及九个专业的知识考试。毕业考试总评成绩划分为三个等级:第一等级为优;第二等级为及格;第三等级为不及格。凡是通过考试者均可直接进入大学读书。然而,这一规定也没完全落到实处:获得第三等级(不及格)分数的学生,如果通过了大学的录取考试,仍然可以进入大学读书。③

---

① 张桂春.德国大学入学资格模式的历史考察[J]辽宁师范大学学报,1996(05):40—43.
② 李克建.德国大学入学考试制度:历史、现状与改革动向[J].湖北招生考试,2003(16):61-64.
③ 张桂春.德国大学入学资格模式的历史考察[J]辽宁师范大学学报,1996(05):40—43.

1834年,普鲁士政府又实施了新的文科中学毕业考试规定。该规定取消了原来的三个等级的评分标准,重新确立以"合格"和"不合格"为区分毕业考试成绩的标准。同时,将学生平时成绩计算在毕业考试成绩里,只有毕业考试合格者才能直接升入大学学习。自此,德国的中学毕业考试真正变成了大学注册和允许参加国家考试的前提条件,标志着德国学历资格制度的形成。第二次世界大战期间,资格制度被废除,直至战后才被重新恢复。①

四、现阶段的高考制度

1. 招生主体

作为联邦制国家,德国的州在教育领域享有很大的自主权,在大学入学考试方面也是如此。德国大学的招生管理主体包括:

(1)国家教育与科学部,负责颁布招生的基本原则和实施意见。

(2)各中学的考试实施委员会,负责教育的组织与实施。

(3)州教育与科学部,负责按照国家教育与科学部的招生基本原则和实施意见对考试的组织实施进行监督。②

2. 考试资格

在高中的第四学期,由中学校长根据考生的平时成绩决定其是否具有参加考试的资格。考生要在完全中学12~14学年阶段至少完成4个半年考试学科的学程,并获取合格成绩,才准予参加考试。③

3. 学额分配

各大学不再进行入学考试。但由于有些专业的报考人数太多,不得不在某种程度上限制入学人数,这就涉及学额分配的问题。1972年,联邦德国在多特蒙德设立中央学额分配中心(简称ZVS),负责联邦德国范围内的学额分配工作。④

(1)一般学额分配

高校的大部分学科,在提供的入学名额中,首先为一部分特殊申请者(如外国人、第二次修业申请者、有特殊困难者等)保留一定的名额,然后按高中资格考试成绩和能力合格程度分配60%的名额,再根据申请者等待时间的长短按次序分配。⑤

---

① 张桂春.德国大学入学资格模式的历史考察[J]辽宁师范大学学报,1996(05):40-43.
② 牛学敏,王后雄.德国大学招生与考试制度述评[J].考试研究,2007(03):117-127.
③ 同②.
④ 同②.
⑤ 李克建.德国大学入学考试制度:历史、现状与改革动向[J].湖北招生考试,2003(16):61-64.

(2)特殊学额分配

1986年至1987年联邦德国对医学专业采取考试选拔程序(外国人和第二次申请者除外),按完全中学毕业资格证书考试的分数和本次考试相结合进行选拔录取。随着学科专业范围不断扩大,这种类型的选拔考试也按照几种规定的名额进行录取。[1]

(3)统一调剂

对于申请人数超过定额人数的专业,由中央学额分配中心根据需要将考生分到未招满的其他大学。[2]

4.考试科目(表3-1)

德国大学入学资格考试采取笔试和口试两种形式,科目共分四类,考生可从中选择四门作为考试科目,其中前三门为笔试,后一门为口试。考生只能选择《完全中学毕业证书考试统一考试要求》中提到的,并且在11~13年级的教学计划中的、符合考试要求的学科。4门考试学科的覆盖面必须达到必修领域的3个课业领域(即语言-文学-艺术、社会科学、数学-自然科学-技术课业领域)。宗教和体育也可以作为考试学科。口试根据学生自己的选择进行,但必须是未经笔试的学科。资格考试选择科目见表3-1。[3]

表3-1　　　　　　　　　德国资格考试选择科目表

科目	第一类	第二类	第三类	第四类
语文	×	○	○	○
初中外语	○	○	○	○
高中外语	×	×	×	○
音乐、美术	×	○	○	○
政治	×	○	○	○
历史、地理	×	○	×	×
哲学	×	×	○	○
心理学	×	○	×	×
社会学	×	○	○	×
经济学	×	○	○	×
数学	○	○	○	○
物理、化学、生物	○	○	○	○
情报学	×	×	○	○
体育	×	×	×	○

(注:"○"为可选科目)

---

[1] 李克建.德国大学入学考试制度:历史、现状与改革动向[J].湖北招生考试,2003(16):61-64.
[2] 同①.
[3] 牛学敏,王后雄.德国大学招生与考试制度述评[J].考试研究,2007(03):117-127.

5. 考试时间

考试于高中阶段第三年的第二学期进行，从学期初的 2、3 月开始，先进行笔试，再进行口试，最后用 4 周左右时间评分。笔试时间长度一般是 3 小时，重点科目的考试需 240～300 分钟不等。口试一般为 20 分钟左右，口试前有至少 20 分钟的准备时间。①

6. 命题试题

对于试题的编制，联邦教育部提出了具体原则，包括三个层次的考核标准：掌握、运用和判断；四个考查目标：再现、组织、迁移和问题解决。②

命题由高中教师完成。首先由高中教师基于教学大纲和考试目标结构编出 2～3 套试题，交学科主任审议，审议结束后上报州教育委员会或联邦教育部。最后由经验丰富的专家负责审查，从中选出一套试题密封送回，考试当天开封启用。③

7. 评分与评价

评分由评分小组进行。评分小组设一审、二审和组长：一审一般由出题教师担任；二审由本校或外校教师担任；组长一般由本校或外校校长、州教育委员会视导员担任。一审教师评出分数的同时，还必须写出评语（评分说明）。然后二审教师再评一遍，若二审教师提出反对意见（比例一般在 1‰～2‰），这时就由评分组长进行裁决，评分组长还负责抽查评分。这一评分制度十分严格，目的是防止个人舞弊，保证评分的客观性。④

为了保证评分标准的统一性，联邦教育部规定了统一的评分原则：表达知识的质与量；是否能抓住事物、现象的本质、联系；对问题的理解程度以及解答问题的逻辑性；使用专业术语的正确性；表述清楚、观点鲜明。口试中还要看其对反问问题的回答能力，独立提出新问题、新观点的能力，以及需要教师提示的次数等。⑤

总分的计算是将平时成绩和毕业考试成绩结合在一起。具体包括：高中阶段基础课分数（原分保留，满分为300分）；高中阶段专门课考试分数（原分保留，满分为 300 分）；毕业考试分数乘以 4 倍（满分也是 300 分）。三个分数相加就是学生的资格考试总分，满分为 900 分；一般超过 300 分即可毕业；毕业总分记载在毕业资格证书上，供大学在挑选时参考。⑥

---

① 李克建.德国大学入学考试制度：历史、现状与改革动向[J].湖北招生考试,2003(16):61-64.
② 同①.
③ 同①.
④ 同①.
⑤ 同①.
⑥ 同①.

8.待机入学

"待机入学"制度是德国大学入学考试中颇具特色的一项制度。20世纪70年代以后,针对那些获得了入学资格但又无法及时被接纳入学的申请者,德国实行"待机入学"制度。按照这一制度,这些申请者尽管不能当年进入大学,但是他们可以等待时机的到来。而这些大学或专业则在下一年招生时,必须预留一定比例(大约为20%)的名额给这些"待机者",根据他们等待时间的长短和注册的先后顺序进行录取。并且在大学中如果一旦有空缺(比如有人辍学或被淘汰),"待机者"可以随时补充进来。①

"待机入学"制度在一定程度上纾解了日益增长的升学压力,同时增加了入学者选择理想志愿的机会,充分体现了德国大学入学制度的平等性和灵活性。②

第五节 法国高等院校招生考试制度

一、法国高等教育概述

因法国高等教育体系较为复杂,体系内各组成部分的招考制度各不相同,故在介绍法国高校招生制度以前,先介绍其高等教育的基本情况。

法国高等教育由四个部分组成:

1.以国立综合大学为主体的大学系统。

2.公立、私立兼有的高等专门院校,即法国人常说的"大学校"系统。

3.以大学技术学院和高级技术员班为主的短期高等职业技术院校。

4."大机构"。历史悠久、学术水平高、师资力量雄厚、蜚声国际的学术机构,如法兰西学院等(这类机构以研究为主,与高考招生关系不大)。③

法国大学实行双轨制,综合性大学培训大众人才,入学较为容易,而高等专门学校专门培养精英人才,入学竞争激烈。

二、大学系统的开放式招生

法国国立大学分设在各个学区,考生可根据自己的学习情况选报所在学区的大学,

---

① 李克建.德国大学入学考试制度:历史、现状与改革动向[J].湖北招生考试,2003(16):61-64.
② 同①.
③ 李兴业.多样化的高考招生录取制度——法国高等学校招生制度评介[J].湖北招生考试,2002(24):64-65+69.

如果考生所报的专业本学区大学没有,可选报其他学区的大学。

法国大学不设入学考试,实行开放式招生。按照国家法律规定,凡获得高中毕业会考文凭的法国中学生,可直接到大学注册。成为该校学生,无须经过高考选拔。①

法国大学注册分为行政注册和教学注册,前者办理入学手续,交纳为数不多的注册费(法国国立大学一般不收取学费)。后者是学生到自己选择的"培训与研究单位"(相当于院系)办理课程选修手续,新学年开学时入学上课。

20世纪60年代以后,随着高等教育大众化的兴起和新的就业需要的出现,越来越多的人要求接受高等教育。为此,大学开始为那些没有取得高中毕业会考文凭,但已经工作或未工作的成人设立专门的入学考试,以证明其已具备接受高等教育的基本条件。按规定,凡年满20岁且有2年工龄或年满24岁者,均可报考大学。考试分为A、B两类:A类含文学、人文科学、法律和经济等;B类含理科、医学、药学和牙科学。这样一来可以为具备了基本条件的人更多地提供接受高等教育的机会。

法国的大学实行"宽进严出",入学比较容易,但是,学习过程中淘汰率很高,尤其是大学第一阶段(一、二年级)淘汰率很高,平均为50%左右,而法律、医学等学科的淘汰率更高。②

三、大学校的竞争选拔式招生制度

法国的大学校被视为"大学中的大学",从事精英教育。大学校中有一批创办历史悠久的学校,国际知名度很高,如享誉世界的巴黎高等师范学校、巴黎高等商业学校、巴黎理工学校、巴黎道路桥梁学校等。这些学校实行专门的招生考试,即"竞试"。

大学校的招生制度包括以下三个方面的内容:

1. 高中毕业会考

法国学生要想接受高等教育,就必须通过高中毕业会考,即"业士考试",取得业士学位。会考是一种典型的国家考试。在20世纪60年代以前,高中毕业会考全国统一进行,统一出题,统一评分。后因考生增多,加上曾出现过试题大范围被盗事件,改由各大学区自行组织考试,试题的命制、考场的安排、考试的监督、阅卷评分等均由各学区负责。取得业士学位中一般会有10%的优秀者进入大学校预备班学习。

2. 大学校预备班

预备班是进入各类大学校的必经之路,设立在重点高中内,属中学后教育范畴。预

---

① 李兴业. 多样化的高考招生录取制度——法国高等学校招生制度评介[J]. 湖北招生考试,2002(24):64-65+69.

② 同①.

备班学制一般为 2 年。尽管进入预备班不设入学考试，但同样要经过严格的挑选，包括考查学生高中最后 2 年的学习成绩，审阅高中主课教师和校长的推荐意见（该生的特长、能力、成绩、个人爱好等），然后择优选拔。一般来说，只有优等生才能进入预备班。

1994 年前，预备班按学科分为理科类、文科类、师范类、商科类、技术类等。其后，随着高中会考学科的变动，预备班相应调整为文科、科学和经济。同时，为使大学校的招生更加适合多数考生的实际情况，新设的科学类又分为数学-物理、物理-化学、物理-工程科学、物理-工艺技术等几个方向供学生选择，让那部分抽象思维不太强，但善于观察、动手能力较强的学生有机会进入大学校学习。[1]

3. 入学竞试

法国大学校的入学考试称为"竞试"。竞试的特点是难度大、淘汰率高、竞争性强。竞试类似我国的高校自主招生，由高校自行组织考试，可由一所学校单独组织，也可由若干学校联合起来共同组织。考试注重考查学生的基本理论和实际应用能力，同时考查学生根据确定的材料，所具有的敏捷的思考、组织和表达能力。考试难度很大。考生可同时报考多所学校，若被同时录取，则选择最理想的一所学校就读。[2]

四、高等职业技术院校的招生制度

高等职业技术院校主要包括大学技术学院和高级技术员班，另外还有部分公职学校、商船学校等，学制两年，主要目标是培养高级技术员、工程师助理、高级技工和中级管理人员，并大力为本地区的经济、文化发展培养人才。法国高等职业技术院校不设入学考试，录取新生主要是通过审查申请者高中毕业会考文凭，高中阶段后 2 年的学习成绩和主课教师的评语。大学技术学院还要求与申请者"面谈"，以便直接了解学生各方面的情况，然后根据本校招收名额择优录取。[3]

第六节 英国高等院校招生考试制度

英国的四个地区英格兰、苏格兰、北爱尔兰、威尔士实行不同的教育制度，故高等院校的招生考试制度也各有不同。本书所说的英国高等院校招生考试制度，主要指的是英格兰的招生考试制度。

---

[1] 李兴业.多样化的高考招生录取制度——法国高等学校招生制度评介[J].湖北招生考试，2002(24):64-65+69.

[2] 同[1].

[3] 同[1].

第三章　部分国家高等院校招生考试制度

一、英国高等院校招生考试制度发展概述

从牛津大学和剑桥大学的创办至今,英国的高等院校招生考试制度经历了近800年时间,大致可分为以下阶段:12世纪至17世纪末,教会推荐和审查制阶段;18世纪初至19世纪中期,从口头考试走向书面考试阶段;19世纪中期至20世纪初,从各自招生到联合招生阶段;20世纪中期,现代高校招生制度形成阶段;20世纪60年代至今,高校招生制度发展和成熟阶段。①

二、证书制

证书制是英国高校招生的特色制度,也是世界高校三大招生制度之一。英国中学生在初中毕业后就要参加一个重要的 GCSE 考试,即普通中学教育证书考试,通常要考8～10门课程,由英国教育部门统一命题,在规定的时间全国统考。高中一年级的考试称为 AS,二年级的考试称为 A-Level,即普通教育证书高级考试,高级水平考试 A-Level 是准备进入大学深造的学生通过 GCSE 后的大学预科班,经过1～2年的学习,通过 A-Level,即可申请读大学。A-Level 是中学和大学的衔接课程,其考试成绩也是中学升入大学的考核标准。考试课程有英语语言、文学、数学、生物、化学、经济等。选修课有古英语、音乐、历史、地理等。学生选修的科目也要考试。普通教育证书高级考试相当于中国的高考。只有在 A-Level 考试中取得优异成绩的,才能被一流大学录取,进行深造。②

三、考试机构

在英国,政府几乎不直接组织考试,考试均由各考试委员会来具体负责。目前有8个考试委员会负责中等教育普通证书考试,有9个考试委员会负责 AS-Level(高级水平普通教育补充证书)和 A-Level(高级水平普通教育证书)考试。中等教育普通证书考试一般采用就近原则,即学校向就近的考试中心提出书面申请,要求其主持考试。而AS-Level 和 A-Level 考试则可以任选一个委员会申请主持考试。③

四、招生机构

当前英国的招生机构主要有各高校的招生办公室及大学和学院招生服务中心(UCAS)。英国历来的传统是高校拥有招生的最终权利,招生办公室就是各高校为处

---

① 方晓明、王湖滨.英国高校招生制度的沿革及启示[J].浙江科技学院学报,2009(04):388-392.
② 佚名.五花八门的外国高考[N].浙江日报,2002—06—17.
③ 同①.

理自身招生事务而设置的机构。1961年,为解决高校扩招的问题,英国成立了全国大学招生委员会(UCCA)。1985年,又成立了全国多科性技术学院招生委员会(PCAS),用来协调多科性技术学院的招生工作。1992年,多科性技术学院升格为大学,两个招生委员会也于1993年合并为大学和学院招生服务中心。①

五、申请录取流程

在英国,大部分的高校从9月开始申请,持续到下一年的1月15日。但一些特殊专业的申请开始得更早一些,如护理专业,可以早至1月。每个学生在申请时最多只能有5个选择,但某些专业的申请数量有一定的限制。申请者填写的申请表包括个人考试成绩、所申请的专业和个人陈述。高校对材料初审后做出不同的决定:无条件录取(Unconditional Offer),有条件录取(Conditional Offer),拒绝(Reject)。如果申请者的所有申请都没有成功,那么他们可以通过附加(Extra)申请大学和学院,而不必等到清档阶段开始以申请更多的高校。申请者可以利用UCAS网站上的高校搜索找出哪些高校仍有空缺,在提出申请之前需要与大学或学院进行直接的确认,看大学或学院是否愿意接受他们的申请。②

---

① 方晓明、王湖滨.英国高校招生制度的沿革及启示[J].浙江科技学院学报,2009(04):388-392.
② 同①.

中 篇

当代高考制度

第四章　高考管理理论

高考管理的基本理论是对高考管理实质及其规律的表述,是人们在长期的高考管理实践中总结出来的具有普遍指导意义的管理规律,对实践中的高考管理活动具有指导作用。高考管理理论包括高考管理的基本原理、基本原则和基本方法。

第一节　高考管理的基本原理

高考管理活动是管理实践与高考实践的结合,所以在一定程度上,高考管理会呈现出二者各自的特征,如高考的教育性,管理的客观性、概括性、稳定性和系统性等。

根据现代管理的基本理论和高考运行的基本规律,高考管理的基本原理包括人本原理、系统原理、动态原理和成本效益原理。

一、高考管理的人本原理

(一)人本原理理论的主要观点

人本原理理念是将人本主义哲学的基本理论运用到管理实践中的一种管理学理念。人本主义哲学思想出现得较早,其萌芽于古希腊,肇始于19世纪中期,主张人是万物的尺度,强调尊重人的价值。人本主义哲学对社会文化的各个领域都有着较大的影响。但人本主义管理学却迟至20世纪70年代才出现。其后,随着人性的进一步解放,人的个性和个体的价值越来越受到尊重,以前那种制度至上、效率至上、人是制度的奴隶的"机器人"管理方式开始与时代精神相悖,人本原理理念便应运而生。

在传统的管理理念中,管理参与者是作为"工具人"存在的,他们被视为组织的生产要素,是维护和忠实执行管理规章制度的工具。相反,人本原理理念主张将管理参与者视为与组织相并列的独立体,尊重他们的价值观和发展意愿,努力实现个体目标与组织整体目标相一致,旨在实现个人发展与组织发展的双赢。具体说来,它具有如下特征:

1. 尊重每一个管理参与者

人本原理理念认为,严格管理要以尊重人格为前提。管理参与者性别、性格、家庭背景、在组织中的地位、在组织中的作用都不尽相同,但在组织中的人格是平等的,都是具有自身人格尊严的。这就要求在管理中,要充分尊重每一个个体的人格,构建相互尊重的良好关系,促进整个组织的良性发展。

2. 采用灵活柔性的管理方法

人本原理理论认为,良好的管理要以满足被管理者的发展需求为出发点,通过人性化管理,为被管理者创造实现其发展的条件,充分调动被管理者的积极性和主动性,强化被管理者的应变能力,使被管理者自我价值的实现与组织发展的目标结合起来,更高效地实现其自我价值和整个管理活动的价值。

3. 关注组织与个体双赢

人本原理的最终落脚点是实现个体与组织的双赢。通过创造良好的环境,关心、尊重个体,直接满足他们的某些需要,消除一些精力消耗和心理负担,从而更好地发挥他们的潜力,提高效率,最终实现个体与组织共同发展的双赢。

(二)高考管理必须坚持人本原理

作为一项管理活动,高考管理同样也要坚持人本原理,原因有以下两点:

1. **人居于高考管理的主体地位**

一方面,人是高考管理系统中的核心要素。从高考的产生、发展和应用来看,人是高考产生、演变与发展的根本动力。高考产生的根本目的是促进人的发展和进步,而人的发展和进步又推动了高考的演变与发展。不管是哪个时期的高考,管理都是其主要环节,而在高考管理中涉及的人、财、物、时间、信息等要素中,人是最核心的要素,其他要素都是为人服务的。因此,人是推动高考管理活动的原动力,是高考管理系统中的核心要素。另一方面,人的意识具有能动作用。在高考管理系统中,处于主体地位的人在高考管理实践中能发挥能动作用。高考管理系统构成的各要素中,物质化的因素一般较为稳定,但是活动化的因素,比如资金、信息等要素,则会因为人这一要素的变化而变化。人在高考管理实践中能积极思考高考管理的现状,基于一定的目的和动机,通过选择和自我调节的手段,充分发挥能动作用,促使高考管理活动成为一个有机的、富有活力的整体,满足国家、组织和个人对高考管理的期望与要求。

2. **个体的差异性需要协调使用**

高考管理工作依赖人的作用,而人的能力、特长是有个体差异的,即是有能力等级的。因此,高考管理过程中应按人的能力级别去安排工作,坚持以人为中心的管理思想,真正做到职、责、权一致,使各级各类高考管理参与人员都有明确的管理责任和管理权限,防止有责无权或有权无责、有责有权而无职或有职而无责无权。当然,个体能力上特征和程度的差异,并不代表管理参与者个体必须与管理岗位进行"一个萝卜一个坑"式的机械对接,而是要求在管理中发挥协调和组织作用,将管理群体的职能发挥到最大化。人都生活在群体组合之中,要发挥人的能动作用,应根据群体结构特点,贯彻组合协调原理。对人的使用和管理,不仅要单个地考察按能力级别使用,而且要研究群体的能力级别组合协调。只有这样,才能做到人尽其才,各得其所。对于高考管理这样一个规范、权威的系统而言,人员的协调显得尤为重要。一个有效、稳定的高考管理系统,必然要求其群体的能级结构是层次合理、组合协调、相对稳定的。一般来说,在群体能级组合的各种形态中,正三角形(俗称宝塔形)的组织结构较理想,具有权威性,工作效率高。

(三)人本原理对高考管理的基本要求

高考管理的人本原理要求高考管理是以现实的、活动着的人为主体的人本化管理活动,高考管理要以人为本,尊重人、服务人、关爱人、发展人,要确立考生的应试主体地位,高考设计、实施和管理要坚持以服务考生为中心,以促进考生能动性、创造性的发挥为基本宗旨。

人本原理要求每个高考管理者必须从思想上明确:要做好高考管理工作,就必须使全体人员明确整体的目标、自己的职责、工作的意义、相互的关系等,能主动、积极、创造性地完成各自的任务。一般来说,在高考管理工作中遵循人本原理的具体要求包括以下两点:

1. 将人本理念体现在高考管理的各个环节

人本理念作为我们高考管理核心价值理念之一,在高考管理的各个环节都有所体现。以我国高考招生政策为例,就有很多能够体现出来。例如:逐步放宽报名条件,对年龄、婚否不再限制;允许考生异地借考,避免来回奔波消耗大量的时间和经济成本;考点设置有详细、具体的规定;对路途遥远、经济困难的考生提供一定的补助;高考当天要求交通管理部门积极配合,给予考生一定的便利;对落选考生进行思想疏导工作;适当降低录取分数招收少数民族考生、归侨青年;举办专招少数民族考生的民族特色班,促进民族文化的发展;对优秀学生和运动员的考分优惠,对身体残疾考生和烈士子女的特殊照顾;完善的奖学金、助学金体系,为经济困难学生提供大量的勤工俭学机会;调整高考时间,以缓解高温和自然灾害对考生的不利影响;运用现代科学技术来进行网上录取和评卷,保障高考公平;建立"阳光高考"信息平台来更好地为考生和家长提供服务;等等。这些都是以人为本价值理念的具体体现,再一次验证了"教育是为了人的发展"这一目的,体现了我国教育政策对人的关怀和尊重,顺应了时代发展的要求。①

2. 充分调动人的积极性,发挥人的能动性

高考管理系统中的管理者和被管理者都蕴藏着难以估量的潜在智力,并具有生机勃勃的创造力,这是推动高考管理活动的基本力量。因此,调动各类人员的工作积极性,发挥他们的能动性,做好人力资源的合理分配和组织工作,引导和带动全体人员围绕着共同目标主动配合进行创造性的劳动,是做好高考管理工作的根本。

二、高考管理的系统原理

系统管理理论是卡斯特、罗森茨威格和约翰逊等美国管理学家在一般系统论的基础上建立起来的,向社会提出了整体优化、合理组合、规划库存等管理新概念和新方法。系统管理理论被认为是20世纪最伟大的成就之一,是人类认识史上的一次飞跃。②

(一)系统管理的主要观点

任何社会组织都是由人、物、信息等组成的系统。任何管理都是对系统的管理。没有系统,也就没有管理。所谓系统管理理论,是指运用一般系统论和控制论的理论和方法,考察组织结构和管理职能,以系统解决管理问题的理论体系。该理论主要应用系统理论的范畴、原理,全面分析和研究组织的管理活动和管理过程,重视对组织结构和模式的分析,并建立起系统模型以便于分析。③

系统管理理论不仅为认识高考管理的本质和方法提供了新的视角,而且它的观点和方法广泛渗透到高考管理的其他原理之中。从某种程度上说,它在高考管理原理中起着统率的作用。

(二)高考管理系统的概念与特征

1. 高考管理系统的概念

所谓高考管理系统,就是由处于高考管理环境之中的若干相互联系、相互依存又相互区别的高考管理诸要素及其对象有机构成的、以实现有效管理为特定功能的整体。如按照管理业务功能需求,高考考务将是由表4-1中各项应用功能模块(子系统)组成的一个系统。

---

① 秦华.高考招生政策中的人本倾向研究(1977—2010)[D].浙江师范大学,2012.
② 王晓毅.中国大学生体育协会发展研究[D].东北师范大学,2010.
③ 兰奇.非公企业工会组织建设研究[D].上海交通大学,2012.

第四章　高考管理理论

表 4-1　　　　　　　　　　　　高考考务应用模块

应用模块名称	内　　容
业务流程管理	考务管理中进行业务流程的梳理和定制
考生管理	考生信息录入并打印、考生信息录入不打印、考生信息编辑、多机报名、考生信息合并、补录考生信息、空号检查、考生基本信息校验、考生总库备份、考生情况统计打印
考场及考官管理	考场库管理、考官库管理、考场安排、考官安排、聘书信息管理
劳务费管理	劳务费标准、个别修改
代码管理	国籍代码管理
打印管理	准考证打印、考场清单打印、考官列表打印、聘书打印、劳务费打印等
扫描管理	扫描
条码管理	条码生成、条码打印、数据处理（合并考点数据、清理数据）
考生黑名单	黑名单管理、黑名单查询
参数设置	文件位置、打印机设置、系统选项
劳务费统计管理	高考数据合并、劳务费打印
高考切换	切换高考项目

2. 高考管理系统的特征

（1）整体性

整体性是高考管理系统的最本质属性，高考管理系统就是一个由各个子系统构成的整体。从宏观角度来看，高考管理系统是由高考行政管理子系统、高考业务管理子系统组成的。从某一次高考管理活动过程来看，可以把高考管理系统分为命题管理系统、制卷管理系统、施测管理系统以及阅卷管理系统等。

每一次高考活动的全程管理就是高考管理活动的一次大循环，也构成了高考管理的系统整体。在这个系统整体的大循环中，又包含着内部各子系统的小循环，如命题管理、施测管理、高考机构管理等都在进行一次循环性动作。可见，高考管理系统是一个整体系统，内部包括各子系统，各子系统内部循环构成了高考管理大系统的大循环，各子系统是高考管理这一系统整体功能正常发挥作用所不可缺少的一部分。

（2）有序性

有序性一方面体现在高考管理系统内部各子系统、各要素在时空位置上是按一定的顺序和层次组构的。从时间先后顺序上看，每一次高考的管理都包括计划、实施、评卷、登分等几个协调的环节,各个环节是环环相扣的,避免了各环节的冲突和相互脱节。从空间排列上看,高考管理有一个层次等级链,不同层级部门、不同层级单位,由于职能、任务、责任、权利的不同,具有明确而清晰的层次性,各司其职,不能越级行使。

有序性另一方面体现在内部各系统、各要素运动的规则性,有规则的运动才保证整个高考管理系统整体功能的发挥。这种规则性运动具体体现在高考管理过程运行的有序和循环式上升的特点上。高考管理过程从起始到终止,既是一个首尾衔接的封闭性运行的轨迹,也是高考管理的一个完整的运行周期。每一次周期性循环,都是不断提高的螺旋式上升的循环。每循环一次,管理水平就提高一步,不断循环的过程就是高考管理水平不断提高的过程,它是一个有序的过程。

(3)相关性

系统内各要素之间相互依存、相互制约的关系就是系统的相关性。

高考管理系统的相关性一方面表现为子系统同系统之间的关系,系统的存在和发展是子系统存在和发展的前提。因而,各子系统本身的发展,会受到系统的制约,如流动人员的异地高考制度就是整个高考系统响应教育公平号召的时代体现。

高考管理系统的相关性另一方面表现为高考管理系统内部子系统之间的关系,如试题类型会影响高考形式,高考形式也会对考场设置以及评分标准产生影响。这种相关性,使得高考管理内各系统、各要素的相关程度,成为我们设计高考管理机构和衡量高考机构合理与否的依据。

值得一提的是,系统各要素的这种相互关系可以相互促进,表现为正相关;也可以相互削弱,表现为负相关。在高考管理中,应该使系统保持正相关状态,避免负相关出现,促进高考管理系统整体功能的发挥。

(三)高考管理系统原理的基本内容

按照高考管理系统原理的观点,高考管理系统是一个人为组织起来的系统,是领导者通过一定的组织形式和途径,把高考管理过程的各要素、各部门、各环节整合起来的一个有机整体。在整体内部各要素之间,以及整体与外部环境之间,都不断进行着物质和能量的交换。① 高考管理的系统原理既强调了高考管理是一个系统的特征,更强化了对高考管理活动进行系统分析的要求。

高考管理系统原理包含以下三个基本内容:

1.要素作用原理

高考管理系统是一个高考管理各要素之间以及要素与整体间相互关系的整体。高

---

① 念孝明.让考试走向人性化、科学化、现代化——读康乃美研究员的《考试管理技术》[J].湖北招生考试,2008(24):60-61.

考管理系统涉及的要素包括人、考场及有关设施、制作试卷的设备、试卷保管场所、高考信息等。显然,高考管理系统中的各要素都能在系统中发挥一定的作用,并且各要素之间也是相互作用、相互依赖、相辅相成、不可分割的。

2. 封闭原理

封闭原理是指高考管理系统内的各种管理手段必须构成一个连续封闭的回路,才能形成有效的高考管理运动。一个完整、健全、富有活力的管理系统是由决策、执行、监督、反馈等基本环节构成的。[①] 如图 4-1 所示。

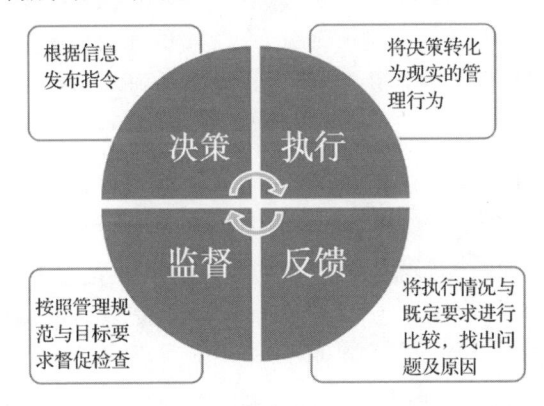

图 4-1 高考管理系统的封闭性原理

决策发布指令,执行将决策付诸行动,使决策内容由理论形态转化为现实的管理行为。监督在于按照管理规范与目标要求督促执行决策颁发的指令,并检查指令执行的情况。反馈则将指令执行情况与指令的既定要求进行比较,找出存在的问题及原因,再回到起点。决策再根据反馈信息形成并发出新的指令,从而形成一个相对的回路。

当然,不能把原理理解成绝对的孤立。它不仅在空间上必然要与其他系统有多种形式的联系,而且随着时间的推进,封闭了的管理系统又可能开口,需要进行新的封闭。所以,封闭是相对的、动态的。

3. 最佳结构原理

如何有效地处理好各元素、分系统与总系统的关系,也就是我们常说的系统的结构组织问题,是有效发挥高考管理最大效用的关键。结构是为完成一定的目的、依照不同的规则和方式对各要素进行的组合和安排,不同的结构方式产生不同的系统功能,功能的大小也各有不同。结构既是一种承载,更是一种优化,最佳的结构有助于实现资源消耗的最小化和效益获取的最大化。

---

① 张坤.教育考试质量管理基本原理初探[J].湖北招生考试,2020(05):41-45.

高考管理要达到预期的最佳效果,就必须深入剖析内部结构,创造条件改变系统的不合理结构,充分发挥各构成部分协调配合的积极作用,促成最优的结构,使合理的结构在高考管理运动中相对稳定,以提高系统整体的效能。如高考管理过程中包括高考的行政管理系统、高考的计划管理系统、高考的实施管理系统和高考的阅卷管理系统等,把各分系统以一定的逻辑合理组织起来,才能共同完成整个高考管理的任务。

(四)高考管理系统原理的基本要求

高考管理系统原理要求每个高考管理人员必须明确高考管理的对象是一个有机的整体,而不是一个孤立存在或被分割的部分,系统内的任何一部分都是必不可少、无法替代的。根据系统管理理论,我们认为,高考管理要做到以下三点:

1. 目标优化

目标直接影响着管理系统的运行。在一个管理系统中,通常只能有一个总的或主要的目标。这一目标的确立是基于从各种复杂的甚至对立的因素中综合确定的结果。因此,对于高考管理这样的大系统,必然要在对人、财、物、信息等要素进行分析的基础上,确定系统最优化目标。系统最优化目标确定后,只要各种关系能够做到协调一致,系统的效益就能得到大幅度提高。

对于高考管理而言,必须建设一个先进、安全、稳定、符合业务规范的高考考务管理目标。这个目标主要包括以下几个方面:

(1)业务系统整合

通过从国家到省一级的教育考试机构的统一规划和部署,对高考业务系统进行整合统一,以高考考务管理为核心,实现各个业务系统间紧密集成,避免单线作战。

(2)信息共享与信息交换

通过统一规划,实现高考信息资源的统一整合与标准化应用。同时,建设有效的数据交换系统,建立信息共享技术规范与运行机制。

通过规范业务流程完善信息化系统。按照软件工程的要求,建立高考标准化系统制定过程,提高系统稳定性、可扩展性。通过统一系统设计,增强各系统间协调性、延续性,为高考管理工作提供技术保障。

(3)为社会提供服务

通过实现业务流程的规范化和电子化,对考务工作诸方面的进一步规范化、科学化,使高考能够更加健康、安全、高质、高效地运行和发展,更好地服务考生、服务社会。[①]

---

① 张卫捷.高考考务管理系统的分析与设计[D].北京邮电大学,2010.

2. 整体观念

高考管理系统的科学管理,既要有明确的目标,也要具备目标系统的整体观念。只有两者有效地结合,才能实现有效的管理,达到目标的最优化。高考管理系统的科学管理要从整体性出发以实现目标优化,这就要求各层次的管理人员要有全局观念。现代高考管理必须考虑全局,要有整体观念。高考管理工作要有一个全面的规划,切忌头痛医头、脚痛医脚。

3. 层次分明

高考管理子系统之间有序且有规律地运行取决于系统的层次性,只有明确系统管理层次,才能进行有效的管理。这种层次性包含纵向层次和横向关系。

纵向上的每一层次都要负责向下一层次传达上一层次的指令信息并考核指令执行的结果,同时也要解决下一层次各子系统之间不协调的矛盾。横向上同一层次的各子系统通过功能相互联系,当出现不协调矛盾时,就提交上一层次系统去解决。总之,要贯彻高考管理系统原理,就必须抓住目标性、全局性、层次性这三个环节,达到目标的最优化。

三、高考管理系统的动态原理

高考管理系统不仅作为一个功能实体而存在,而且作为一种各要素相互作用交织的运动过程而存在。为了能够保证这个复杂整体能在变化中寻求平衡,动态原理是现代高考管理的一条重要原理。

(一)高考管理是多因素相互作用的动态过程

高考管理的要素包括人、财、物、信息、管理机构和法规等,都处在一定的时间和空间之中,并随着高考活动的发展而发展。因此,高考管理活动是多因素综合作用的动态过程。[1]

动态原理在时间上把高考管理活动从起始到终止,看作若干阶段或环节的完整周期。高考管理系统活动按逻辑顺序连贯进行,其中任何一个阶段或环节的拖延或脱节,都会影响到整体效果。[2] 所以,每一个阶段或环节必须在规定的时间内做出工作决策,完成工作任务,保证高考管理工作有序地、连贯地完成预定目标。这样,就可以避免由于管理上的紊乱而影响整体目标实现的不良倾向。

---

[1] 张坤.教育考试质量管理基本原理初探[J].湖北招生考试,2020(05):41-45.
[2] 同[1].

(二)动态原理的基本原则

1. 计划留有余地

因为高考管理的各个因素随时都在变化,所以在制定目标、计划、策略等方面,要相应地留有余地、有所准备,以增强高考管理系统的可操作性和应变能力,以便适应高考管理过程中各种可能的变化,有效地实现动态管理。

计划留有余地,并不是说高考管理过程中要"留一手",为放松工作要求、降低责任标准或开脱责任有意设置依据或借口,一遇到麻烦就马上降低要求甚至放弃目标。真正的计划留有余地是要在高考管理计划中"多一手",防患于未然,力求以相对稳定的控制、协调方案与措施,主动适应动态性的管理对象,进而达到预期控制目的。①

2. 反馈

所谓反馈,就是对指令执行情况及时做出反应,并通过分析提出相应的新决策,以控制管理活动按预定目标进行。正是反馈信息的纽带作用才把管理系统中的各子系统和个人结合在一起,共同为实现管理目标而努力。②

因此,对高考管理过程进行最佳化控制,就需要发挥反馈机制的作用,对偏离目标和计划的运行进行纠偏,使其按照预定的方向发展。在管理过程中如果出现偏离整体目标及违反计划的情况,高考管理者可通过获得的反馈信息对照预定目标和正确计划,纠正错误以保证系统运行的最佳适应状态。③

现代高考管理由于高考种类多样,管理对象复杂,因而高考管理的有效程度在很大程度上取决于高考管理系统是否具有灵敏、准确、有效的反馈机制。反馈机制的建立,必须创设相应的环境和条件。要反应灵敏,就需要有性能敏锐的信息感受系统,能及时发现管理过程中出现的偏差与失误;要反馈准确,就必须有先进、高效的分析系统,能对感受到的各种信息及时地进行科学的分析、鉴别与提炼,做到去伪存真;要反馈有效,管理者就应具备果敢善断、求真务实、开拓创新的品质和能力,能不失时机地将加工后的信息变为强有力的决策行动,使之积极作用于新决策的制定与推行。④

3. 动态控制

在信息的输入、传递和输出过程中,各要素的相互作用和运动维持了系统整体的动态平衡,使系统结构和功能处于一种相对稳定的状态。一旦其中的某要素受到破坏,就会打破系统的动态平衡。

---

① 张坤.教育考试质量管理基本原理初探[J].湖北招生考试,2020(05):41-45.
② 同①.
③ 同①.
④ 韦素玲.论高校考试管理目标控制[J].中国质量,2008(09):42-44.

因此，要获得高考管理的最佳效益，必须把高考管理系统的各子系统放在高考管理过程运行中加以研究，并进行定性乃至定量的综合平衡分析，探索其运动规律。在高考管理活动过程中，注意各子系统或构成高考管理系统的各要素的动态变化，从而保持新的系统平衡，产生新的系统功能，实现高考管理相对稳定的有序运动。①

(三)动态原理的基本要求

动态原理涉及在高考管理过程中要随时调节各种可能的变化，要求我们在进行高考管理时要兼顾计划的方向性和可操作性，灵活地进行计划调整。

1. 坚持按规律管理

高考管理工作，必须尊重高考管理的客观规律，按照客观规律办事。高考管理活动无论是计划、组织，还是控制，随机变化都较大，所以高考管理工作必须坚持实事求是，必须按照高考管理过程的本来面目，使管理者的思想认识符合客观存在，并随着时间、地点、条件的变化而变化，这样才有可能达到有效管理的目的。②

2. 注重弹性管理

弹性管理是管理的原则性和灵活性的统一，即通过一定的管理手段，使管理对象在一定条件的约束下，具有一定的自我调整、自我选择、自我管理的余地和适应环境变化的余地，以实现动态管理的目的。③

(1)加强计划的弹性管理

要增强高考工作的弹性管理，很重要的一点是计划要留有余地，而这一点主要体现在计划的内容及其指标上。考务工作计划作为高考管理的一项重要活动内容，必须体现其长远性，但长远的未来则无法精确认定，只能在总体方向、目标上做出明确规定；同时，考务工作计划的行动指导性，又要求精确、严密，这样，在计划的具体指标上又必须留有余地，以便在实际操作过程中进一步细化。

(2)努力提高关键环节的局部弹性和系统的整体弹性

高考的关键环节，是指那些对高考整体目标的实现有着举足轻重的影响，确定性程度小，变化可能性及变化的方向、程度非常大，其变化难以直接控制的环节。关键环节必然要成为管理者贯彻弹性原则时应予以极度重视的局部焦点。

提高关键环节的弹性，主要是通过备有多种方案和制定有效的防范措施来实现的。

第一，我们要对某一问题、对象在未来将产生多少不同方向的变化以及变化的概率做出判断。例如，我们不能说明天就一定下雨或不下雨，但我们可以判断下雨的概率，

---

① 张坤.教育考试质量管理基本原理初探[J]湖北招生考试，2020(05):41-45.
② 同①.
③ 陈可喜.投融资决策中的选择权问题研究[J].商场现代化，2006(04):243-244.

从而可以事先做出多种方案以备不测之用,并沿着可能性最大的方向去行动。

第二,要根据判断采取多种防范措施,防患于未然。

第三,在态势处于萌芽状态时,采取措施,消除不利因素,促使局面向有利方向发展。

通过局部弹性的提高,可以增强整体弹性,但现代管理更多的是从整体入手来解决管理弹性问题。在高考管理工作中,可能通过增加信息渠道和利用途径,建立高考相关各职能部门相互合作和监督的管理机制,提高处理问题和应对突发事件的能力,以提高高考管理系统的整体弹性。当然,即使确定了提高整体弹性的方案,也要靠各方面局部弹性的增强来支持。

四、高考管理的成本效益原理

所谓成本效益,就是以最少的消耗来获取最大的收益。高考管理的最终目的和全部内容,都是以追求最佳的管理效果为基本动机的。成本效益直接影响高考组织系统的生存和发展。

(一)成本效益原理的基本观点

所谓高考管理的成本效益观念,就是高考管理要从"经济"的视角出发,以"投入"与"产出"的比值来看待管理效益。产出(收入)与投入(成本)的比值越大,成本效益越高,相对成本越低。是否值得付出成本主要看能否带来超过成本支出的效益收入。如果超过,则该项成本是值得付出的;否则,就不值得进行成本投资。从这个定义中可以看到,管理工作要讲效果,要获得超过成本支出的效益。

高考管理的投入主要体现为管理活动中的人力、物力和财力的消耗,而几乎所有消耗均可折算为管理费用的支出。高考管理的产出主要体现为管理的工作数量和工作质量所产生的社会效果。例如:负责管理的高考种类、科目,参加高考的人数等数量指标;高考管理工作通过验收达到合格的项目数;管理行为违法违纪的投诉件数等质量指标;等等。

高考管理的效益就是有效产出与其投入之间的一种比例关系,具体可从社会和经济这两个角度去考察。社会效益和经济效益两者既有联系又有区别。经济效益是讲求社会效益的基础,而讲求社会效益又是提高经济效益的重要条件。两者的区别主要表现在:经济效益比社会效益直接和显现,它可以运用若干个经济指标来计算和考核;而社会效益则难以计量,必须借助其他形式来间接考核。高考管理应把讲求经济效益和社会效益有机结合起来。[1]

---

[1] 谢家举.提高我国高速公路客运组织化程度政策研究[D].长安大学,2001.

（二）高考成本效益原理的基本内容

由于高考管理成本效益原理涉及整个管理系统各个环节的成本和效益的衡量，所以我们有必要对价值原理、有效原理和定量分析原理进行相关的解释。

1. 价值原理

与效益原理相对应的首先是价值原理。在经济学中，价值是指凝结在商品中无差别的人类劳动。但现代高考管理价值原理所强调的价值，既不是单纯的产品价值，也不是单纯的经济价值，而是经济价值和社会价值的统一，是更高意义上的价值概念。

高考管理不仅会对高考生命力的增强起一定作用，其价值同时也会体现在强化国家行政的效能，促进其他社会控制的发展，推动人才的培养和科学技术的发展，促进社会人力资源的开发和利用，在一定程度上促进国民素质的提高，推动人类社会的现代化等方面。对于高考管理者来说，认识到这一点是十分重要的。如果单纯追求高考管理的经济价值，而不维护高考权威的社会价值并努力把两者结合起来，高考管理工作就会迷失方向，甚至会形成高考管理的恶性循环。

2. 有效原理

所谓高考管理工作的有效性，是指高考管理的每一个组成部分及其工作都在为整个高考管理体系功能的有效发挥贡献力量。每一个部门工作的有效性实际上是衡量高考管理质量的标准，如果没有起到应有的作用或可有可无，那就应该撤销。如高考命题工作，要求所有命题人员在高考结束前不得离开命题场所，这对试卷的保密起着至关重要的作用，这是有效的；若要求命题人员在高考结束后仍不得离开命题场所，这就是对高考工作不起作用的行为，是无效的。

高考管理有效性的评价标准，主要不是管理者的行为，或者被试者的成绩，而是整个高考管理的社会实践。实践是检验高考管理是否有效的标准，只有在实践过程中使得高考有序稳定、公平公正地进行，才是有效的高考管理。有效原理的客观性和权威性，不仅是效益原理的体现，更是高考管理的基本原则之一。

3. 定量分析原理

效益的评价是构成效益原理的重要因素，效益评价的公正、客观直接关系到高考工作的有效管理。对高考工作的评价有定性分析与定量分析两种方式。

定性分析是指运用归纳和演绎、分析与综合以及抽象与概括等方法，揭示研究对象本质和内在规律的一种研究方法。定性分析能够深入到现象的本质，但执行难度较大，执行效率不高，容易受主观影响。定量分析则是注重用"数据"说话，客观地描述事物发生变化的过程，弥补了定性分析的不足，它把事物定义在人类能理解的范围，由量而定性。

现代高考管理科学的发展,使得效益的评价开始超越以定性分析为主的模式,逐渐在许多方面采用数量化表示。定量分析原理要求,考核高考管理效果、经济效益应该建立在科学的定量基础上,并采用现代数学方法科学加以显示和预测。因此,在高考管理工作中,要充分利用定量分析方法研究高考管理领域的数量特征,尽可能从数量上把握和认识高考管理过程的联系和特征,利用比较、模拟等方法,实现最优的决策、最佳的方法和最优的效果。

(三)高考效益原理的基本要求

效益是管理的根本目的,管理就是对效益的不断追求。就考试管理活动而言,这种效益的追求应遵循以下几方面的要求:

1. 确立高考管理效益观

跟其他管理活动一样,高考管理也要以提高效益为核心,高考管理活动也要确立效益观。

作为一项具有公益性质的活动,高考管理效益观要集中于社会效益和工作效率两个方面。高考管理的社会效益,主要是指考生、家长、社会及高考管理人员对高考管理活动的满意程度,以及高考对社会发展的促进程度。高考管理的工作效率是指高考管理投入的人、财、物与达到的效果的比值。高考管理工作必须提高管理的社会效益和工作效率。

2. 高考管理者必须具备相应的素质

在现代高考管理中,建立规范、有序的管理机构和科学、合理的规章制度无疑是必要的。但是,真正使得好的制度能被得当运用的关键在于高考管理者。

尽管多年以来,将管理作为一门科学来研究的著作源源不断,但从应用角度而言,管理更像是一门高度的人际交流艺术。在实践中,对同一管理理论,不同的人可能会用完全不同的行为来诠释。因此,管理者的素质直接决定着最终的管理效果。

如果高考管理者没有相应的业务素质和思想意识,其管理行为就很难在高考管理过程中产生很好的效果。相反,如果高考管理者具备扎实的高考管理业务素质,其管理就能获得良好的效益。

3. 追求局部效益必须与追求全局效益协调一致

管理的目的是获得最大、最优的效益,这就是效益最优原则。它是指在一定条件下,管理系统的内部根据内外部条件的相互作用,使系统的某个方面最大限度(或最小限度)地接近或切合某种客观标准,实现效益最优化。

效益最优原则要求管理不仅要追求效益,而且要综合分析,追求最优效益。同时效益最优是一个相对的、动态的概念,短期最优不一定长期最优,局部最优不一定整体最

第四章 高考管理理论

优。这就要求我们要妥善处理好局部效益与全局效益的关系。

全局效益是一个比局部效益更为重要的问题。如果全局效益很差,局部效益的提高就难以持久。当然,局部效益也是全局效益的基础,没有局部效益的提高,全局效益的提高也是难以实现的。局部效益与全局效益有时是统一的,有时又是矛盾的。因此,当局部效益与整体效益发生冲突时,高考管理必须把全局效益放在首位。①

在管理领域中,效益最优原则几乎存在于各个方面。在高考管理的各个环节、各个部分、各个方面,都有最优化的存在。

然而,实现最优化是长期努力的过程。这是一个动态的过程,不可能一劳永逸。因此,高考管理者要坚持这条原则,不断优化高考管理各部分因素的结构,改善与系统外的影响因素的相互关系,以达到局部效益与整体效益、当前效益与长远效益和谐统一。

人本原理、系统原理、动态原理和效益原理组成了现代高考管理原理的有机体系。高考管理的人本原理指高考管理是以人为主体的人本化管理活动,高考管理要以人为本,尊重人、服务人、关爱人、发展人,要确立考生的应试主体地位。高考设计、实施和管理要坚持以服务考生为中心,以促进考生能动性、创造性的发挥为基本宗旨。高考管理者在高考管理过程中要善于调动人的积极性,形成服务考生的思想。②

高考管理的系统原理指高考是一个人为组织起来的系统,是领导者通过一定的组织形式和途径,把高考管理过程的各要素、各部门、各环节联系为一个有机整体。③ 高考管理者在高考管理过程中要整体把握、理顺管理层次,重视要素及其组合功能。

高考管理的动态原理是指要将高考管理看成一个动态发展的过程,始终使高考管理对象按照预定计划和预期目标运行并保持动态平衡。高考管理者在高考管理过程中需设定管理目标,严密控制管理过程。

高考管理的效益原理是指将高考管理全过程看作效益的产生过程,从成本和产出来评价整个管理过程,利用内部组织及其关系的不断优化和完善来实现效益最优化。

第二节 高考管理的基本原则

原则是指导人们按照事物活动的规律去进行实践活动的行动指南、方针或准则。高考管理原则是人们在高考管理工作中,为实现高考管理目标,用来正确处理高考管理过程中各种问题的客观准则,是高考管理机关和高考管理人员共同遵循的行为规范。

---

① 谢家举.提高我国高速公路客运组织化程度政策研究[D].长安大学,2001.
② 念孝明.让考试走向人性化、科学化、现代化——读康乃美研究员的《考试管理技术》[J].湖北招生考试,2008(24):60-61.
③ 同②.

近年来,如何加强高考管理,遏制高考作弊现象,创建优良的考风考纪,更有效、更充分地发挥高考的职能和作用,已经成为高考管理工作者普遍关注的问题。总结近年来高考管理工作的经验,我们认为要切实加强高考管理,首先要针对高考管理的一般原理及高考管理的特点,以及高考管理原则所具有的实践性、时代性、层次性和指导性的特征,自觉吸纳现代教育教学管理思想和方法,明确和自觉遵循高考管理工作的一些基本原则。具体地讲,高考管理主要应该明确和自觉遵循以下五项原则:

一、方向性原则

前面我们提到,高考管理就是管理者根据既定高考目标要求,运用适当的程序、方法、手段及行为规范,合理调配人、财、物、信息等资源,实行活动运行有效控制,以实现共同目标的一种社会活动过程。①

可见,高考管理既因一定管理目标的需求而启动,又以实现预定目标为归宿,其管理过程的产生与形成,均以一定的管理目标为先决条件。而目标本身总要体现为一定的方向,目标的正确与否,要以引导的方向是否正确作为衡量的标准。因此,科学的高考管理必须坚持方向性原则。

高考管理工作分为多个层次,相应的目标和方向也分为多个层次。高层次的、总体的目标方向,必然要制约低层次的、局部的目标方向。每个层次有其各自独立的目标方向。

从宏观方面来说,高考管理的高层次的、总体的目标,应是高考管理体现并执行国家意志,引导民心,调控高考管理职能的范围,限定高考管理的权限,调控高考管理结果的社会价值,控制高考管理的发展规模和速度,统一高考的标准,引导高考活动的定向发展,以保证高考活动的民主、客观和公正,使之有利于国家政权的巩固,有利于国家经济、科学技术、文化、教育等诸方面的健康发展。

从微观方面来说,高考管理的高层次和总体的目标应主要指向提高教学质量。在具体的高考管理工作中,要始终把保证和提高教学质量作为中心目标和任务,把是否有利于保证和提高教学质量作为评价高考管理体制、运行机制、方式方法及各项具体工作的唯一标准。这就要求我们必须充分认识高考管理工作在保证和提高教学质量方面所发挥的重要作用,充分认识到高考管理是教学管理的最后一个环节,是保证教学质量的最后一道关口,是提高教学质量的重要手段和措施。中观层次高考管理的各项工作有其各自的目标,体现一定的方向,如:高考设计管理的目标是为高考提供有效的测试工

---

① 念孝明.让考试走向人性化、科学化、现代化——读康乃美研究员的《考试管理技术》[J].湖北招生考试,2008(24):60-61.

具,而高考实施管理目标是既要营造公平、公正的施测环境,还要保证高考的运转。低层次的高考流程诸环节的管理也各有其目标和方向,如:考场设置管理目标就是为高考创设适宜的施测场所,试卷印制管理目标便是保证试卷在绝对保密情况下印制。

不难发现,这些各自不同的目标和方向,其实都体现了高考管理的总方向。因此,高考管理坚持正确的方向,就能协调整个系统内的各种关系,充分发挥高考管理的整体效益。

二、民主性原则

管理的民主性原则,就是在管理过程中,按照平等和少数服从多数的原则进行管理。它能将被管理者由被动地接受管理变为管理活动的积极参与者,因而能充分调动被管理者的工作积极性,使其主动献计献策,防止管理工作的失误。

坚持民主性原则,对高考管理更有着特殊的重要性。因为高考管理方式直接关系到高考过程的控制、环境的创设,高考客观性、公正性、权威性的维护,以及高考社会适应能力的形成与强化。只有运用民主的方式,充分调动全体人员的积极性、主动性和创造性,依靠集体的力量,才能保证高考活动的正常运行,从而取得适合社会需求的高考成效。

从学生方面而言,高考管理一要全力维护高考工作的客观性、公正性、严肃性,坚决杜绝各种高考舞弊行为,保护学生学习的积极性和主动性,保障大多数学生的根本利益;二要尊重学生的合理建议和要求,通过设立举报箱、座谈交流、问卷调查等有效形式,引导学生广泛参与高考管理工作,充分发挥学生自教自管的作用;三是尊重学生的人格,尊重学生的合法权益,严格按照国家、学校的法规和制度处理高考管理工作中出现的问题。

从教师方面而言,高考管理一要尊重教师的劳动,尊重教师在教学工作中的主导地位,尊重教师在高考方式方法方面选择的权益;二要相信绝大多数的教师能够很好地利用好高考这根指挥棒,使学生学好用好其讲授的知识和传授的技能,自觉履行所承担的高考管理职责;三要尊重教师的人格,主要通过宣传和引导的方式,使教师充分认识加强高考管理所采取的一系列措施的必要性和重要性,自觉配合高考管理部门做好各项高考管理工作。

对于高考管理者而言,则是要利用好民主性原则来调动各方面的积极因素,促进整个管理体系的多主体和多渠道化。

根据高考管理的运行轨迹,民主性原则必须坚持如下要求:

(一)决策民主化

发现并提出问题,是一切决策的起点。制订决策方案要广泛征求意见,既要征询专家的意见,也要征询管理对象的意见,让广大高考管理实践人员、高考的参与者和社会各类高考相关人员有机会发表意见,提出看法。这样,一方面可使决策目标更准确,有利于整体管理目标与各部门的工作协调一致,从而保证整体管理目标的落实与实现。另一方面,被管理者及相关人员参与决策过程更能增加对决策方案的认同感,改善其心理环境,从而达到管理运行的顺畅。

(二)执行过程民主化

执行过程是决策由理论形态向实际形态演进的过程,它包括组织实施、检查监督和总结评估三个有着严格程序的工作环节,同时又是群体性的动态运行过程。组织实施过程中让被管理者积极参与,加强各方人员的互融与互配,就可以集思广益,使决策实施过程能和谐运转。同时,管理者发扬民主作风,随时把握各方面的信息动态,也是高考管理民主化的必然要求。检查监督虽说是对每个管理人员的工作进行监督和阶段性核查,但更重要的是要检验管理领导者的水平和管理决策的科学性与可行性。所以,这一环节要求客观反映各方面意见,以便发现问题及时纠偏。在总结评估环节,被管理者的积极参与,有利于在群众中进一步巩固成绩、修正偏差。

(三)审查评价民主化

随着高考活动涉及范围的逐步扩大,高考活动日渐成为涉及国家和人民群众根本利益的、人民关心的现实热点问题。其管理要广泛发扬民主精神,认真听取人民群众的建议和批评,努力创造让群众行使监督权的条件,以便对高考管理进行公正监督。

高考管理的自我评价,不仅要求各评价主体以积极态度投入评价活动,还要动员全体人员认真关注。评价标准和内容是否具有客观、完整和准确的基本特性,取决于高考管理过程能否真实反映各类人员的状态。评价结果和结论应尽量公开,并广泛吸取群众的意见,这样才有利于进一步改进评价工作,实现评价的目的。

民主化不是一种装饰,在具体高考管理过程中,要求管理者具有民主作风,愿意并善于听取群众的各种意见,接受群众的监督,不搞"一言堂"。还要积极创造条件让有关人员参与管理,如吸收一定数量的高考专家、相关行业的代表、基层的管理人员参加相关的高考管理决策,组织强大的社会监督队伍管理高考施测过程,定期召开座谈会,进行个别访问,设立意见箱和意见簿等,充分发动每个高考工作者和广大群众积极参与管理。

三、科学性原则

高考管理的科学性原则,就是要实行科学管理。现代高考管理的艺术,体现了科学管理和民主管理的巧妙结合。根据中外高考管理长期实践的经验,结合我国高考管理的实际和特点,科学的高考管理应包括如下内容:

第四章　高考管理理论

（一）有明确的职责范围

工作职责是指在工作中所负责的范围和所承担的相应责任。高考管理是一个复杂的管理系统，涉及的项目多、工作细、任务复杂，所以在管理过程中，一定要科学分配好任务，明确从主要负责人到具体办事人员的每一层次工作人员的职责，以便工作有序开展。

（二）有健全的指挥系统

为了使高考管理能够有序、稳定地开展，健全的指挥系统和管理制度是其必备条件。这样一个涉及人员多、范围广、影响大的管理，必须在相关管理制度的规范下，建立健全指挥系统，统一指挥，根据准确、有效的信息，进行迅速反应，做到有令则行，有禁则止，件件有着落，事事有回音。

（三）有完善的管理制度

目前，我国高考管理的规章制度有大有小，大的如《国家公务员录用高考暂行规定》《职业技能鉴定规范》《普通成人高等学校本、专科生招生全国统一高考工作规则》《高等教育自学高考条例》等涉及高考管理的宏观管理规章。不同的级别高考所需要确立的规章制度，内容和对象范围都会有所不同。各类高考管理还应该结合高考运行的实际，制定具体的规章制度，诸如考生规则、命题规则、监考制度、阅卷制度等。规章制度一旦制定就要严格执行，对发现的问题要追根究源、标本兼治，实施全员参与，全方位、全过程地综合治理，根除高考过程中的舞弊现象。

（四）有科学的管理程序、方法

要使整个高考活动过程处于有效的控制之下，科学的管理程序是必备条件。同时，现代社会的考试多种多样，其规模大小不等，内容千差万别，形式不拘一格，为了充分发挥高考管理的功能，在高考管理的方法方面，必须从各种高考的实际情况出发，使所选管理方法符合高考的性质、特点和要求。对于高考作弊的学生，则主要用行政方法进行处理，如取消单科成绩、高考成绩无效，甚至一到三年不能参考。

（五）有先进的管理手段

所谓先进的管理手段，就是逐步做到高考管理手段现代化。现代科学技术及其物化品的广泛运用，其后果也是一把双刃剑。如近几年媒体报道的高考中利用纽扣摄像头、无线电背心等高科技作弊的事件。因此，高考管理要不断更新管理设备和手段，积极引进和运用现代科学技术，加速高考管理信息化的建设，借以强化控制能力，优化管理环境，提高高考管理的效率。

具体来说，加强高考管理的科学性，就是要认真研究高考管理工作的特点，全面分析高考管理工作的现状和存在的实际问题,遵循高考管理工作的内在规律,不断提升管理的科学化水平,提高高考管理工作效益。比如,将现代管理理论、教育测量与评价理论、教育管理理论、心理学理论等作为充分的科学依据,提高结果的可靠性和可信度。同时,针对各高考管理工作环节,完善高考方式方法改革制度,积极推进高考方式方法改革,采用科学的高考管理方法、成熟的管理经验,使高考管理活动行之有效,实现预期的管理目标;完善试卷审报和试卷质量评价制度,提高命题的科学性,保证试卷质量;完善高考保密制度,确保考前不透题、不漏题;完善监考制度,严肃考场纪律,维护考场秩序;完善阅卷和成绩报送制度,杜绝"人情分""照顾分"现象,保证高考的公平性;完善违纪作弊认定和处理办法,规范处理程序;完善高考档案评估制度,规范高考档案管理;完善奖惩制度,将高考工作业绩与单位年终考核、个人考评和晋级挂钩,通过评选高考工作先进单位和个人,激励单位和个人认真履行各项高考工作职责;优化高考管理工作流程,实现高考管理工作目标明确、程序完备、操作简单、标准具体的总体要求。

四、责任制原则

责任制是指根据各个工作岗位的工作性质和业务特点,明确规定其职责、权限,并按照规定的工作标准进行考核及奖惩而建立起来的制度。责任制原则是现代高考管理体制及组织机构运行机制的反映,其基本依据是高考管理的系统原理和人本原理。

责任制原则的基本要求,就是在高考管理过程中,必须在合理分工基础上明确各个部门和个人必须完成的工作任务和必须承担的相应的责任。可以说,没有责任制,就谈不上真正的管理。实行责任制,有助于管理工作的科学化、制度化。在高考管理实践过程中,我们应该不断创设条件,坚持贯彻责任制原则。

(一)分工协作

没有分工,就没有责任制。从一个部门来说,要将整个工作分解成若干基本部分,然后依此配备人员,即确定每个人的职位。建立和健全岗位责任制,首先必须明确任务和人员编制,然后才有可能以任务定岗位,以岗位定人员,责任落实到人,各尽其职。但是,分工不是分家,分工必须协作。只有分工,没有协作,不可能取得整体效益。高考管理的各环节甚至各员工职责都是整体的有机组成部分,高考管理者的任务是在分工的基础上形成集权和分权有机统一的、有效协作的组织机构。

(二)职责分明

分工只是对工作范围做了形式上的划分,至于工作的数量、质量、完成时间、效益等方面,分工本身不能完全体现出来。因此,必须在分工的基础上,通过适当方式把每个人的职责做出明确规定。职责的规定要遵从以下四个方面的要求:一是职责界限要清楚,能准确体现不同职务所负责任和权限的关系;二是职责内容要具体,并要做出明文规定,以便操作;三是职责中要包括横向联系的内容,以能体现组织整体的功效;四是职责一定要落实到每个人,做到事事有人负责。只有在高考管理每个岗位上的工作者都明确自己的工作职责,各司其职,才能更加高效地完成工作,实现个体工作效益和系统整体效益的有效结合。

(三)认真考核

考核就是对工作人员的工作情况做出价值判断和评定。只有认真考核,才能发挥责任制的威力。

考核是实行责任制最困难的一环,也是最关键的一环。评价正确,才能调动工作人员的积极性,使真正做事、做事得力的工作人员得到该有的奖励,并引导其他工作人员向优秀者看齐。评价不当,就会挫伤工作人员的积极性,甚至造成对立情绪,影响团结,滋生不良工作作风。

因此,高考管理机构要从实际出发,制定比较客观公正的考核标准,在考核方法上要做到领导与群众相结合、个人与集体相结合、平时考核与定期考评相结合,力求用数据说明问题。

(四)奖惩公正及时

考核以后,要奖惩分明、公正且及时地给予奖惩,对其进行强化。否则,责任制就不能持久,考核也会失去意义。奖惩可使每个人知道自己干得怎么样,并明确其行为对自己和组织会产生什么样的后果,从而及时引导每个人的行为朝向符合组织需要的方向变化。对有成绩、有贡献的人员,要及时予以肯定和奖励,使他们的积极行为保持下去。如果长期埋没人们的工作成果,就会挫伤其工作积极性,同时也会传递给全体工作人员一个消极工作的信息,整体上降低工作效率。当然,及时而公正的惩罚也是不可或缺的。惩罚主要是针对一些违纪违规的行为进行否定,通过惩罚少数人来规范多数人的行为。因此,建立健全高考管理奖惩制度,使奖惩工作尽可能规范化、制度化,是实现奖惩公正而及时的可靠保证。

五、公正性原则

公正性原则是关乎高考生命力的重要原则,高考管理的公正性,关系到高考的权威性,反映的是学风考风的建设程度。从被试者个人来说,高考直接关系到被试者的切身利益,直接影响被试者的心理,影响到个体对社会的态度。

在我们这样一个人口众多、公民素质总体不高、高考情况十分复杂的国度里,现阶段要实现高考管理的完全或高度公正的确不容易。高考的公正性与外部的政治、经济、文化氛围有关,也与高考管理有关。影响高考公正性的因素错综复杂,更需要我们不断将高考管理的公正性作为高考管理应有的一种价值追求,积极地创造条件,使高考尽量接近公正。

(一)公正性原则对高考管理工作的要求

(1)高考的内容必须公平合理,凡参加同类高考的被试者,都应在基本相同的条件下进行高考。

(2)凡符合高考申报条件的人,都有同等的参加高考权利,不受民族、居住地区、宗教信仰、风俗等方面的限制,申报条件不可随意更改,更不可阻止考生参加高考。

(3)高考结果必须公正。凡成绩相同的考生,均应享受同等待遇,不能因人而异,不能徇私枉法,随意修改甚至编造高考成绩。

(4)高考管理工作一定程度的公开,这是实现公正性的有效方式。

(5)要坚持从严治考,严格高考管理,严肃高考纪律,严格评分标准,坚决遏制高考作弊现象,对于违反高考纪律的考生,要严肃处理。

(二)公正性原则对高考管理工作人员的要求

1. 严肃态度

高考管理工作者要充分认识到加强高考管理、根治高考作弊的必要性和重要性,本着对考生前途、教学质量、教育发展高度负责的精神,严肃地对待高考命题、监考、阅卷等高考环节,严肃对待高考试题保密、组织安排、监督检查等高考管理工作。

2. 严谨作风

高考管理工作者要努力养成严谨治考、一丝不苟的工作作风,通过扎实有效的管理,尽可能避免在命题、制卷、组织、阅卷、报送成绩等高考环节上出现失误。

3. 严明纪律

每一个高考管理工作者都应该不折不扣地执行高考管理的各项规章制度,坚决杜绝考前透题、漏题,考场不认真监考,阅卷送人情分等违背高考宗旨的不良行为,自觉维护高考工作的严肃性。

4. 严密组织

高考管理人员在组织高考工作中,要周密思考,精心安排,不留管理隐患和死角,确保高考工作的有序进行。

5. 严惩作弊

高考管理人员要严格按照高考管理的各项制度和程序执行,一旦发现作弊行为,决不姑息迁就,从严、从速、从重处理。

方向性原则、民主性原则、科学性原则、责任制原则和公正原则彼此构成了一个不可分割的体系,共同作用于高考管理的全过程。现代高考管理学的发展则以高考管理的一般原理和高考管理的基本原则为依据,使管理系统逐渐成为一个具有充分自我适应能力的有机体,借助于管理方法的综合运用,发挥系统的功能。

第三节 高考管理的基本方法

"良好的方法能使我们更好地发挥天赋的才能,而拙劣的方法则可能妨碍才能的发挥。"高考管理的方法是完成高考管理任务,实现高考预定目标的手段、方式、途径和程序等的总称,是高考管理理论、原理的自然延伸和具体化、实际化,是高考管理原理指导管理活动的必要桥梁,是实现管理目标的途径。研究、确定和完善高考管理方法,是高考管理学的主要任务之一。全面地了解、科学地运用高考管理方法则是每一个高考管理工作者应该具备的业务素养。

高考管理方法多种多样,从不同的方面,可对高考管理方法进行不同的分类。根据高考管理信息沟通的特点,我们可以将其分为权威性信息沟通方法、利益性信息沟通方法和真理性信息沟通方法;根据高考管理决策者的管理方式,可以将其分为专制的管理方法、民主的管理方法和民主集中制的管理方法;根据高考管理要求精确的程度,可以将其分为定性管理方法和定量管理方法;根据高考管理对象范围,可以将其分为宏观管理方法、中观管理方法和微观管理方法;按高考管理方法的作用原理,可以将其分为法律方法、行政方法、经济方法宣传和教育管理方法;等等。

一、高考管理的法律方法

(一)法律方法的定义

高考管理的法律方法是指通过现行各类高考法律、法规,协调和处理高考管理过程中的各项事项,以保证高考管理活动正常进行的管理方法。

高考管理的法律法规既包括国家或地方立法机关颁布的有关法律,也包括各级政府、国家行政机关所属各级各类高考管理部门制定的具有法律效力的高考管理规章。例如,《宪法》中有关考试管理的条文,现阶段施行的《国家教育考试违规处理办法》《高等教育自学高考暂行条例》《普通高等学校招生暂行条例》,以及考务管理等方面的各种规定、规则、守则、实施细则等。建立健全各种高考法律,最根本的是要遵循高考自身的客观规律。

(二)法律方法的内容

高考管理法律方法的内容不仅包括建立和健全各种高考法规,而且包括相应的司法工作和仲裁工作。这两个环节是相辅相成、缺一不可的。只有法规而缺乏司法和仲裁,就会使高考法规流于形式,无法发挥效力;如果高考法规不健全,那么司法和仲裁工作会无所适从,容易造成混乱。

高考管理的法律方法的实质是实现统治阶级的意志,并维护它们的利益,代表它们对高考活动实行强制的、统一的管理。在社会主义市场经济条件下,法律方法要反映广大人民的利益,反映高考发展的客观规律,调动和促进高考管理过程中相关组织和人员的积极性、创造性,控制高考行为秩序规范并增加高考管理工作社会适应力,改变以行政治考的传统格局,实现以法治考的现代高考管理目标。

(三)法律方法的特点

法律方法在高考管理过程中,一直是使用效果最好的方法之一,主要是因为它具有如下特点:

1.严肃性

高考法律和法规的制定不是针对个别具体的人或某个具体事件,所以,它一旦被制定和颁布,就具有相对的稳定性。高考法律和法规不可因人而异、滥加修改,必须保持它的严肃性。高考司法工作更是严肃的行为,必须通过严格的执法活动来维护法律的尊严。

2.规范性

高考法律和法规是所有涉及高考活动的组织、机构和个人行动的统一准则,对其具有同等的约束力。它规定人们在一定情况下可以做什么或不可以做什么,并且只允许对它做出一种意义的解释。法律和法规之间不允许互相冲突,法规服从法律,法律服从宪法。

3.强制性

高考法律法规不同于其他社会规范,它是由国家制定并强制实施的,因而具有强制性。高考法律法规一经制定就要强制执行,各相关组织机构及公民都必须毫无例外地遵守。否则,要受到国家强制力量的惩处。

(四)法律方法的作用

法律方法的运用,对于建立和健全科学的高考管理制度和高考管理方法,起着十分重要的作用,具体表现为:

1. 保证必要的高考管理秩序

高考管理的关键在于对人、财、物、信息等的合理沟通,而使用法律法规的方法来进行管理,把沟通的方式用法律的形式规定下来,就可以建立法律秩序。它可以使高考管理系统中各子系统的职责、权利、义务明确,沟通渠道畅通,能正常发挥职能,从而使整个高考管理系统自动有效地运转。

2. 将高考管理活动纳入规范化、制度化轨道

法律方法的运用,有助于把符合客观规律、行之有效的高考管理制度和高考管理方法用法律、法规的形式规范化、条文化、固定化,使人们有章可循。严格执行这些制度和方法,高考管理系统便能自动有效地运转。这样既可保证高考管理的效率,又可节约高考管理者的精力。

(五)法律方法的正确运用

法律方法从本质上讲,是通过上层建筑的力量来影响和控制高考活动的。如果各项法律和法规的制定和颁布符合高考规律的要求,就会促进高考事业的发展;反之,就可能成为高考事业发展的严重障碍。法律方法由于缺少灵活性和弹性,易使高考管理僵化,有时会不利于基层单位发挥其主动性和创造性。

在目前我国的高考管理活动中,运用法律方法必须满足以下四个方面的条件:

1. 有法可依

健全的高考法规,是实行法律方法的物质基础。这个前提不具备,以法治考的目标就不能成为现实。从我国高考法规建设的现状来看,自党的十一届三中全会以来,随着高考制度的恢复以及各种新型高考制度的建立和推行,相应制定和颁布了一大批各类高考管理的法规,为推行法律方法创设了较为适宜的条件。但在向以法治考目标推进的过程中,尚需不断加强高考法律的建设,进一步解决好有法可依的问题。在现阶段,无论是国家高考法规还是地方性高考法规,都还有待进一步健全和完善。

2. 行必依法

要实现以法治考,仅仅解决了有法可依的问题还只是第一步。因为有法可依,并不等于依法管理或严格执法。这就要求在以法治考的过程中坚持"两手抓",即在认真抓好法规建设的同时,切实抓紧高考法规知识的普及,解决好知法、守法的问题。再者,由于种种历史原因,我国仍有一部分人仍习惯于服从行政命令,"权大于法"的现象还在一定程度上存在,高考法规知识的普及既欠广泛又欠深入。相对于法治管理目标及所需环境的要求,知法、守法、执法意识的强化,仍是实行法律方法的一项经常、持久、艰巨而又细致的工作,必须常抓不懈。

3. 执法必严

在实现行必依法的前提下,还应坚持严格准确地执法,真正做到违法必究,以事实为依据,以法律为准绳,在法律面前人人平等。

4. 充分利用现代化的高考管理手段

如果没有现代化的宣传媒介与技术手段,就不能及时、准确地将高考法规晓之于公众、传输于社会相关系统。同样,倘若缺乏先进的信息传递和技术控制设备,也就很难有效掌握并科学利用以法治考的反馈信息,从而影响手段的调整及工作效率的提高。

二、高考管理的行政方法

行政方法是高考管理中运用最多、最有效的方法之一。

(一)行政方法的定义与实质

高考管理的行政方法是指依靠高考行政机构和领导者的权力,运用政策、规程、命令等方式,按照高考系统行政隶属关系进行管理的方法。这种高考管理方法的具体形式有命令、指示、规定等。

高考管理行政方法的实质是通过高考行政组织中的隶属关系及职务和职位等来进行管理。它特别强调职责、职权、职位。上级指挥下级,完全是由高一级的职位所决定的;下级服从上级,则是对上级所拥有的管理权限的认可和执行。

(二)行政方法的特点

行政方法的主要特点有:

1. 权威性

高考管理的行政方法行之有效的原因是它的权威性。管理者层次越高,他所发出指令的接受率就越高。但高考管理者不能仅仅依靠职位的权力来强化权威,而应该努力以自己优良的品质、卓越的才能去增加高考管理的权威。

2. 强制性

国家权力机构发出的命令、指示、规定等,对高考管理对象来说,具有程度不同的强制性。行政方法就是通过这种强制性来指挥和控制高考管理活动过程。但是,行政强制与法律强制不同,行政的强制性要求人们在思想上、行动上、纪律上服从统一的意志;行政的原则虽然高度统一,但允许人们在方法上灵活多样。

3. 纵向性

行政方法是通过高考行政系统、行政层次来实施高考管理活动的,因而基本上属于纵向的管理。行政指令一般都是自上而下的,即通过纵向直线下达的。下级组织只服从上级,低层级只服从上一层级的领导和指挥,横向传来的指令基本上无效。因此,高考行政方法的运用,必须坚持纵向的自上而下,切忌通过横向传达指令。

(三)行政方法的作用

行政方法独特的特点,决定了它能产生的一些独特的作用。

1. 统筹作用

行政方法的运用有利于统一高考管理系统内部的目标、意志和行动,使下级组织能够迅速有效地贯彻上级组织的命令和政策,从而对高考活动全局实行有效的控制,尤其是对高考活动独有的诸如高考试卷设计、试卷印制等需要高度集中和适当保密的环节,更具有独特作用。

2. 中介作用

在高考管理活动中,高考管理的其他方法如法律方法、经济方法等要发挥作用,都必须经由高考行政管理系统这个中介,才能具体地贯彻实施。因此,行政方法是实施其他各种高考管理方法的必要手段。

3. 控制和协调作用

行政方法可以起控制和协调的作用,使参与高考活动的各部门能够密切配合,并不断调整相互之间的关系,最终达到整体管理目标的实现。

4. 特殊问题处理作用

行政方法能处理特殊的问题,及时地针对高考管理中的具体问题发出命令和批示,处理高考管理中特殊问题和高考管理活动中出现的新情况。

(四)行政方法的正确运用

行政方法既有优势也有局限性。只有正确使用,才能发挥其应有的作用,使之成为实现高考管理目标的一个重要手段。

1. 高考管理者必须充分认识到行政方法的本质是服务

高考管理的实质决定了行政的根本目的在于服务。行政不以服务为目的,必然导致官僚主义、以权谋私、玩忽职守等行为;反之,没有行政方法的有效管理,同样也达不到服务的目的。

2. 行政方法更多的是人治,而不是法治

高考管理与效果在很大程度上取决于领导者的领导艺术和水平,也取决于领导者和执行者的认知与能力。所以,行政方法的运用对领导者的素质提出了很高的要求。

3.行政方法要求有一个灵敏、有效的信息传输系统

一方面,领导者要驾驭全局、统一指挥,必须及时获取高考管理系统内外的有用信息,才能做出正确决策,避免指挥失误;另一方面,上级要把行政命令迅速而准确地下达,还要把收集到的各种反馈信息和预测信息发送给下级,供下级细化决策时使用。

4.行政方法要与其他方法相结合

行政方法由于借助了职位的权力,对行政下属来说有较强的约束力、强迫性,这一特点容易滋生个人专断、官僚主义等行为,从而可能导致与行政方法相悖的效果。所以,不能单纯依靠行政方法,要在尊重高考工作规律的基础上,把行政方法和高考管理的其他方法有机地结合起来。

三、高考管理的经济方法

将经济杠杆的作用运用于高考管理之中,可以达到做好高考管理工作、完成高考任务、实现高考管理目标的目的。

(一)经济方法的定义与实质

高考管理的经济方法是指根据客观经济规律,运用各种经济手段,借助物质利益的诱导机制和杠杆作用,实现对高考活动的组织和调控的管理方法。这里所说的经济手段,主要包括税收、工资、奖金、罚款以及经济合同等。不同的经济手段有不同的功用和适用范围。

高考管理的经济方法的实质是运用经济手段,按照经济原则,组织、调节和影响高考管理对象的活动,促进高考效能的提高。从一定意义上说,就是通过各种经济手段调整各方面经济利益关系,把个人的、集体的、国家的利益正确地结合起来,既不损害国家利益又能保证并根据情况不断提高集体和个人的利益,从而使集体和个人对完成国家高考管理整体目标具有高度的主动性、积极性和责任感。

(二)经济方法的特点

与其他方法相比,经济方法具有下面一些特点:

1.利益性

利益性是经济方法的本质特征,高考管理者通过利益机制调节高考系统内外不同的利益关系,间接影响人们的高考行为,促进高考事业的良性发展。

2.相关性

经济方法的使用范围很广。在宏观管理中,经济方法表现为国家运用各种经济杠

杆使高考管理与占支配地位的经济体制紧密衔接,促使高考管理活动与社会系统的协调运行。在微观管理中,经济方法表现为高考管理系统通过各种经济手段来制约本系统成员的活动,使之与整个高考管理活动相协调,共同实现高考管理目标。

3. 灵活性

一方面,经济方法可以针对高考管理对象对经济利益需求的多样性,采取不同的手段;另一方面,对于同一高考管理对象,在不同的时空下,可以采用不同方式来进行管理,以防止方式不当而挫伤相关人员的积极性,或有损国家、单位及个人的合法利益。

4. 平等性

经济方法承认被管理的组织机构或个人在获取自己的经济利益面前是平等的。社会按照统一的价值尺度来计算和分配经济成果,各种经济手段的运用对于相同情况的被管理者起同样的效力,不允许有特殊。

(三)经济方法的正确运用

只有正确运用经济方法,才能充分发挥其价值和作用。

1. 要注意将经济方法和其他方法结合运用

综上所述,经济方法的作用是显而易见的。然而,如果单纯地使用经济方法,可能会对人们的思想意识产生副作用,易导致在高考管理过程中讨价还价、"一切向钱看"的不良倾向,进而破坏正常的高考秩序。因此,使用经济方法必须要有法治、行政、宣传教育、监督等管理手段的参与,建立一套完整的高考领域经济法规,把思想教育和法律制裁结合起来,克服各种高考管理经济违法行为,保证高考事业的顺利发展。

2. 要注意经济方法的综合运用和不断完善

既要发挥各种经济杠杆的作用,更要重视整体上的协调配合。忽视综合运用,孤立地运用单一杠杆,往往不能取得预期的效果。例如,奖勤罚懒是调动积极性、鼓励竞争的必要经济手段。但只奖不罚或只罚不奖都不行,只有两者结合使用或交替使用,才能达到高考管理中奖惩的目的。此外,随着高考实践的深入,要不断完善各种经济手段和杠杆,使之趋于合理,以适应新时期高考管理的需要。

四、高考管理的宣传教育方法

在高考管理的诸种方法中,宣传教育方法既是传统的又是比较特殊的一种方法。

(一)宣传教育方法的定义与实质

高考管理的宣传教育方法,是指按照一定的目的,通过宣传媒介、社会舆论、说服激励、启发引导等方式,对高考管理对象进行科学、文化观念意识、行为规范等教育,使之根据高考管理目标需求规范自身行为的一种高考管理方法。

高考管理的宣传教育方法的实质是用精神力量提高人们的认识,影响或改变人们的行为动机来调节人们相互间的活动与关系,进而实现协调并进的高考管理目的。

(二)宣传教育方法的特点

宣传教育方法是我国高考管理工作的一种传统方法,它的特点是比较明显的。

1. 激发性

在宣传教育过程中要晓之以理、动之以情,激发人们对高考管理工作的认识与理解。

2. 思想性和利益性

宣传教育的实质是思想政治教育,其教育内容必须符合统治阶级利益与原则,着重宣传高考管理系统中国家和集体的共同利益,以及这种共同利益与个人利益的根本一致性。

3. 灵活性和长期性

宣传教育的对象是人,人是有差异的,因此宣传教育的方法要因人而异,采取灵活的方式方法。宣传教育内容不可能一次就被人们所接受,特别是人的思想转变、世界观和人生观的确立更是长期教育的结果,因此,宣传教育的方法必须长期坚持不懈。

(三)宣传教育方法的作用

宣传教育方法在现代高考管理中有其独特的作用。

(1)宣传教育方法能影响和改变管理对象中人的行为,协调人们相互间的关系,激发和调动被管理者的积极性,进而促使合力的形成和整体效应的提高。

(2)宣传教育方法的科学运用,可为其他管理方法的实施排除障碍、铺平道路,为整个高考管理活动的正常运行创设适宜的环境。

(四)宣传教育方法的正确运用

宣传教育方法在高考管理中如何运用是一门学问。只有正确运用宣传教育方法,才能发挥其独具的价值和作用。

1. 宣传教育要有科学性

要排除那些粗制滥造、华而不实、违情悖理的方法。要从高考管理实践出发,恰如其分地反映内容,以增强教育效果。

2.宣传教育要注意群众性

思想教育方法要更多地提倡群众进行自我教育,废止那些强迫命令,不得使用填鸭式"灌输"的方式,尽可能地采用讨论式、商量式、启发式等民主的方法。

3.宣传教育要讲究艺术性

循循善诱、启发自觉、耐心细致是任何一种宣传教育方法都应该体现的特点。宣传教育要结合高考管理的实际,根据对象的不同,灵活地运用不同的宣传教育方式,这些方式包括榜样示范法、实践锻炼法、情感陶冶法、评比表扬法、品德评价法等。教育方式的多样化能使宣传教育更具有艺术性,使宣传教育更加生动、活泼、形象、直观。

4.宣传教育要保持"弹性"

宣传教育操之过急往往达不到效果。保持"弹性",一是时间上要放松。一时解决不了的问题可以慢慢解决。二是要变换形式。这种方法不行,可采用其他方法;这个人进行教育没有效果,可换另一个人去做。三是要创设环境。创设良好环境和气氛,往往可以达到理想的宣传教育效果。

上述四种方法是我国高考管理中行之有效的常用管理方法。随着社会的发展以及高考管理内容的更新,高考管理方法将在高考管理实践中不断创新。由于不同的高考管理方法有着不同的特点和适用范围,管理者在运用某种方法时,必须考虑各种方法的相互配合,才能适应现代高考管理目的任务的要求,产生良好的高考管理效果。

第五章　高考管理实践

在第四章中,我们主要从理论的角度来探讨高考管理。这一章,我们将立足于实践操作的角度,具体探讨高考管理。

第一节　高考空间管理

高考空间包括考务管理指挥中心、试卷保密室、考区、考点、考场、制卷工厂、命题场所、阅卷场所等。我国在长期的高考管理实践中,对高考空间的管理,形成了丰富的高考管理文化。

一、考务管理指挥中心

国家教育考试考务指挥中心是教育部"十一五"事业发展规划的重点建设工程之一,是利用数据通信技术、网络技术、数据库技术等高科技手段,在全国范围内分批建立、全方位发挥作用下的安全、可信、实时、高效的数字化、信息化的国家教育考试指挥、管理、监控体系。该指挥中心分为国家级、省级和地级市三级,采用分级建设、分级管理的模式;具有网上巡查、应急指挥、考务综合管理、视频会议、考生服务功能、网上高考和诚信档案七大功能,各项功能除应用于普通高考外,还在成人高考、研究生考试、自学考试中普遍应用。

教育部国家教育考试考务指挥中心的建立,促进了各地高考信息化发展,是我国高考技术领域的一次革命性突破。通过考试考务指挥中心,可以实现多级网上巡查,对高考全过程实施全方位监控和即时录像,能有效地防范考生作弊行为的发生。

二、试卷保密室

高考试卷与答卷属于国家级保密材料,试卷的保管工作是组考工作的重中之重,是高考工作的生命线。试卷保密室作为保密重地,在建设和管理方面有着很高的标准和要求。

(一)试卷保密室硬件要求

(1)试卷保密室的设置,应选在楼房的二楼或二楼以上,房间必须是钢混(或者砖混)结构的套间,具备防盗、防火、防潮、防鼠等功能,必须配备铁门、铁窗、铁柜,加装防盗门、窗,采取严密的保卫措施。

(2)试卷保密室最少要设置两道门,并设有专门的视窗监视孔,以保证外屋可观察到屋内的情况。

(3)试卷保密室中的铁柜数量要能够满足试卷存放要求,并配备质量可靠、开启灵敏的密码保险柜。

(4)试卷保密室应配备红外线防盗报警器或视频监控设施,监控资料由高考机构至少保存至高考结束后半年。

(5)试卷保密室的选择应兼顾值班人员就餐、用水、卫生方面的便利。

(6)试卷保密室的防盗门与双锁铁柜钥匙要分别由不同的负责人分别保管,负责人同时在场时才能开启,不能转交他人或互相代管。

(7)试卷保密室在非高考期间不能挪作他用,否则在下次启用前要更换门锁和密码。

(8)工作人员外间值班须配备值班电话、值班记录本、灭火器,并将《试卷保密制度》明显张贴于墙,保密室内一律不准安放、配置值班工作人员卧床休息用具。

(二)试卷保密室管理制度

(1)省、地(市)、县(区)级教育考核机构都应当建立试卷保密室,用于存放启用前的高考试卷。高考实施期间,地(市)、县(区)级试卷保密室同时作为答卷保管室使用。

(2)省级试卷保密室的建设,必须符合保密要求并经省级公安、保密部门的检查验收;地(市)、县(区)级试卷保密室的建设,必须符合保密要求并经上一级教育高考机构和同级公安、保密部门的检查验收;每次使用前,当地教育考试机构须自查并报同级公安、保密部门检查批准,同时报省级教育高考机构备案;使用期间接受上级教育高考机构、公安及保密部门的监督检查。

(3)试卷保密室使用期间,人员配备如下:①负责人两名,其中一名必须是当地高考机构负责人;②值班巡逻人员四人以上(不含试卷保密室负责人);③如有密码铁柜,则须安排专人掌管密码(不含试卷保密室负责人和值班巡逻人员),密码可由两人分别掌管一部分。

(4)试卷进入保密室后,开启摄像监视系统,保密室内、外门钥匙分别保管,试卷保密、保管的工作人员和值班人员要严格遵守《试卷保密室保管工作人员守则》,值班人员须做好每日值班及交接记录,并拒绝无关人员进入保密室。

(5)试卷保密室使用期间,当地教育行政、公安、保密部门应当成立联合检查组,每天对试卷保密室进行一次全面检查。

(6)试卷保密人员上岗前应当接受安全保密教育,学习国家保密法律、法规,熟悉试卷的收发要求和手续。每次进行接收、分发等工作时,必须逐袋清点,核对数量、科目,数量、科目符合要求后办理相关手续,做好试卷交接记录。应当特别注意对备用试卷袋的检查工作。

(7)试卷保密室使用期间,发生全国统一高考答卷被盗、损毁、涂改等重大事件,应当立即报告当地教育高考机构、公安和保密部门,并立即采取措施保护现场。

(8)试卷保密室负责人和值班巡逻人员不执行本工作规定,发生答卷被盗、损毁、涂改等重大事故,追究其直接责任。

(三)试卷保密室管理人员职责

1. 保密室试卷保管员职责

(1)遵纪守法,坚持原则,忠于职守,严格遵守工作纪律,工作认真负责。

(2)不隐瞒有直系亲属参加当次高考的情况。

(3)不得以任何理由拆阅试卷、参考答案、评分标准,不将试卷、参考答案、评分标准带出保密室,不改动考生答卷。

(4)不向外谈论试卷情况,不准无关人员进入保密室。

(5)妥善保管试卷,确保试卷和答卷不损坏、不丢失。

(6)任何情况下值班现场不得少于两名值班人员。

(7)值班期间禁止会客、吸烟、饮酒、文娱活动,不得因私事占用电话。

(8)保密室和保密柜钥匙要按规定分别掌管,不得转交他人或互相代管,严禁复制钥匙。

(9)按规定填写《保密室日志》,并对保密室人员来往情况进行记录。

(10)严格履行领退试卷手续,拒绝代领试卷。

(11)试卷保管期间,如果发生泄密或丢失事件,应立即采取措施防止扩散,并迅速逐级上报。

2. 试卷保密室负责人的职责

(1)全面负责试卷存放期间试卷保密室的安全保卫、保密工作。

(2)不将试卷保密室的钥匙转交他人或者互相代管,不得泄露密码。

(3)负责试卷的接收、保管和发放工作。试卷接收和发放应当面清点试卷袋数量,核实科目,检查试卷袋密封情况,履行交接手续,填写接收和发放记录。

(4)在试卷保管期间,教育高考机构按规定逐级上报试卷的安全保密情况。

3. 值班巡逻人员的职责

(1)昼夜值守,实时监控试卷保密室内屋的情况。

(2)负责试卷保密室的安全保卫,填写值班记录表。

(3)负责试卷保密室外围的安全保卫,每半小时应当派出两人对试卷保密室周边进行一次全面检查,并做详细的值班巡逻记录。

(4)随时向试卷保密室负责人报告保密室的情况。

三、考区、考点、考场

高考环境是否安全、静谧、方便,不仅对高考质量影响很大,而且直接影响考生高考水平的发挥。因此,在高考实施过程中,要切实加强考区、考点、考场管理。

(一)考区管理

1. 考区的内涵及职能

考区是指以行政区为基础而设立的考试单位。一般全国性考试均划分出若干考区,旨在对考试进行有效的组织管理。如普通考试一般以县为考区,成人考试一般以地区为考区,某些职业资格考试以省为考区,一个考区之下设有若干个考点。通常我们把这样一个区域内的所有考试场所的集合称为考区,它是施测活动的基层单位,主要负责本考区考生的报名、编排考场和考号,组织考生答卷和监考活动,进行思想品德考核、体格考核和建立考生档案等各项工作。

2. 考区的组织设置

高考一般以地(市、州)或县(市、区)为考区,考区设考区委员会,由当地政府负责人任考区主任,教育行政部门及高考机构负责人任副主任,并有公安、保密、监察、工信等部门负责人参加。考区委员会领导、组织、管理本考区的高考实施及处理高考期间本考区发生的重大问题,保障高考工作的顺利实施。

(二)考点管理

1. 考点管理的内涵及职能

考点是指具体承担高考工作的单位,一般情况下选用学校作为考点,如普通高考的考点一般设在当地条件较好的中学。一个考点内设若干考场,每个考场均有编号。考点由所属考区根据情况设置,负责报名信息的录入,网上预申报考生的信息确认,考生报考资格的初级审核,考场及试室安排,下发准考证及组织实施等工作。考点应设在地(市、州)或县(市、区)政府所在地,如果考生数量过多,限于交通、食宿等条件,或因特殊情况要在地(市、州)或县(市、区)政府所在地之外设考点的,须经省一级教育考试院批准,并采取相应的安全保密、加强监考等具体措施,确保考试的顺利进行。

2. 考点的组织设置

考点设主考一人、副主考若干人,并下设考务、保密、保卫、宣传、后勤、医疗等若干小组。考点正、副主考必须由考区领导小组聘任,其中:主考必须由考点所在县(市、区)教委(教育局)负责人或招生部门负责人担任;副主考由考点所在学校负责人担任,协助主考共同负责本考点的高考实施工作。

主考、副主考的工作职责分述如下:

(1)主考在考区委员会的领导下,负责本考点的全面工作,主持本考点的高考;副主考协助主考工作。

(2)负责选聘、培训和管理监考员及其他相关工作人员。

(3)负责组织、布置考点及考场,做好考前准备工作。

(4)负责掌握高考时间,确保开考、终考时间准确。

(5)组织向各考场监考员分发当科高考科目的试卷、答题卡、条形码、草稿纸和高考用品。

(6)负责协助高考机构进行本考点备用试卷(答题卡,下同)的管理。在出现试卷不完整、字迹模糊、错装等情况时,决定是否启封备用试卷,主考与副主考两人签名负责,并按规定报告高考机构负责人。

(7)负责本考点终止违规考生或违规高考工作人员继续参加高考或工作的处理,以及其他偶发事件的处理。

(8)负责本考点答卷(答题卡,下同)的回收和运送工作。每科考试结束后,组织验收各考场的答卷与密封,并派专人保管与保卫,按时送到考区指定地点。

(9)负责组织好本考点的安全保卫工作,发现问题及时处理,重大问题要立即报告考区主任。

(10)负责考试情况报告工作。高考结束后,向考区委员会报告本考点本次高考情况。

3. 考点的布置要求

(1)考点的硬件设备

考点要安全、安静,不受外来干扰,便于集中管理,具有通车、通水、通电、通广播、通电话等条件,同时要有满足高考需要的考室、考点办公室、保密室(保密柜)、试卷分发室、答卷装订室、医务室、送考教师休息室(设在警戒线外)和广播室,安装有视频监控系统、无线电信号屏蔽器和适于进行外语听力高考的校园有线广播系统。高考前还要布置大型宣传栏、划定高考区警戒线、设立从试卷分发室到考室的封闭式专用通道,考点办公室和视频监控室必须安装有线电话。

(2)考点布置

①校园装饰:考点布置要庄严,催人奋进。高考前,每个考点大门口都要悬挂"××高考××省份××考区××考点"的横幅。考点还要张贴鼓舞人心的宣传标语,公布考点办公室、考室、医务室、饮水处、卫生间(必须设在警戒线以内)等分布示意图,同时还要公布举报电话、考点分布图、考场安排示意图、高考时间表、《考生须知》、《考生答题须知》、《监考员工作要求及注意事项》和《国家教育考试违规处理办法》。

②划定警戒线:打扫好校园卫生后,在距考场四周三米以外处划定警戒线。高考期间,禁止与高考无关的人员进入警戒线内。

③检查设备:所有服务于高考的工具,如广播、电话、电铃、电灯、车辆等,在高考前要逐一进行检查,以确保高考期间正常运行。

④服务措施:各考点要设立"问询处""物品存放处""文具供应处""开水供应处""车辆停放处""考生集合点"等,并贴出醒目的示意标志。通向卫生间处也要有明显指向标志。

⑤举报措施:设置举报电话和举报箱。

(三)考场管理

1.考场的内涵及职能

考点下设置若干考场,考场尽量选择在安全、安静、采光好、通风好的地方。考场也称"考室"或"试室",指考生参加高考的场所,一般为学校内的教室。按规定,每个考场的考生人数均有限制,通常为 25 人或 30 人。各类各级高考均规定考场纪律,并向考生公布,同时在高考时于考场内设监考员,以保证高考的正常进行。

2.考场的组织设置

每个考场内配备 2~3 名监考员,考场外设置若干流动监考员。监考员由考点主考或考区相关负责人聘任。监考员必须恪守《监考员职责要求》。普通高考的监考员不得由本地高三任课教师或班主任担任,成人高考的监考员不得由补习班或辅导班任课教师或班主任担任。必要时省级高考机构可以统一调派监考员。

监考员的工作职责如下:

(1)在考点主考(副主考)领导下,主持本考场的高考,维护考场秩序,严格执行高考实施程序,保证高考正常进行,如实记录高考情况。高考中发现异常情况立即报告主考。

(2)按要求参加考前相关培训,认真学习高考政策规定,熟悉监考业务,熟练掌握高考相关设备的操作规程,能够识别常见作弊工具。未经培训合格不得参加监考工作。

(3)对考生进行考风考纪教育,宣读《考生规则》,宣布高考注意事项。

(4)按规定领取、发放、回收、整理、上交试卷(卡)和草稿纸。

(5)组织本考场考生入场,核对考生准考证及规定的其他证件,督促、检查考生准确填写姓名和准考证号,指导考生粘贴条形码等,发现错误,应要求其改正。

(6)监督考生按规定答卷,制止舞弊行为,并按《国家教育考试违规处理办法》等规定做好相关工作。

(7)按照省级高考机构要求,在缺考考生试卷、答题卡、考场记录单等处做好缺考记录。

(8)制止非本考场考生和除主考、副主考、督考员、巡视员以及省级教育考试机构规定的其他考务工作人员以外的任何人进入考场。

(9)遵守监考纪律,不迟到、早退,不擅离职守,不吸烟,不打瞌睡,不阅读书报,不聊天,不抄题、做题、念题,不检查或暗示考生答题,不做与监考工作无关的事情,不擅自提前或延长考试时间,不得将手机等通信工具带入考场,不得擅自把试卷、草稿纸带出或传出考场。

(10)考前、考后检查、清理和密封考场。

3. 考场的布置要求

(1)清理考场

考前应对考场进行清理,要求地板、墙壁和课桌内外无杂物、纸屑和文字、地图等。考场内除该高考必备的物品、文字外,不得留有其他任何与高考相关的物品和字迹。多余的课桌、凳子须搬出考场或整齐地放在考场后面。

(2)考场布置

①考室前门外墙上张贴考室标签(含考室号、准考证起止号和带考生照片的考生座次表),在课桌上标示座位号。

②为监考员准备必需的文具,如铅笔(2B)、装订线、锥子、铅笔刀、橡皮等;为考生准备一些备用黑色签字笔、铅笔(2B);整理好考务办公室,以方便监考员考前集中、领取试卷和开会;等等。

③在每间考室的前黑板正上方安装石英挂钟,要求:不报时、不闹铃、无噪声、白底、黑色刻度、走时准确、指针醒目,坐在最后一排视力正常的考生能清晰辨识。

④须在每间考室前门外走廊上(考室标签下方)设立"小件物品放置处",并张贴醒目标志。

(3)座位编排

①每个考场安排25名或30名考生。考生座位须单人单桌(桌口朝前),单行排列,间距在80厘米以上。排列顺序可实行单行纵队逐人衔接形式排列,如图5-1所示。

②在一个考点内,当一个科类尾数考室考生数不超过5人时,可将这些考生安排在

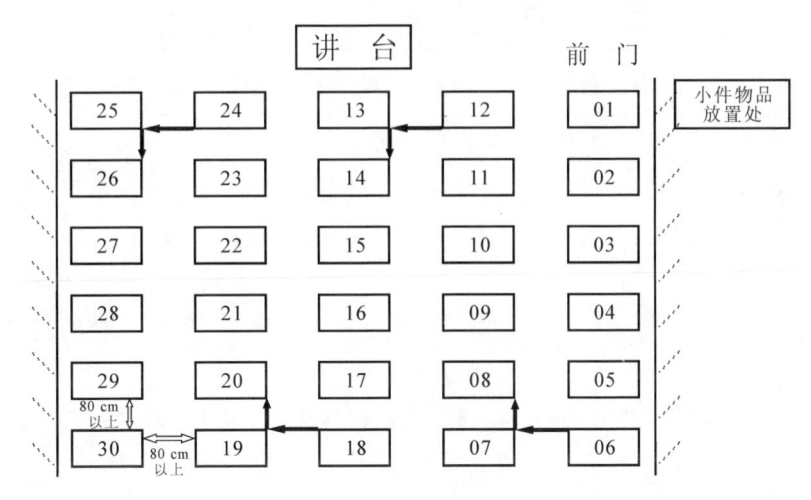

图 5-1 标准考室考生座位编排(30 人)

同一科类的前一个考室高考,但其试题卷和答题卡必须按考室号分别装袋密封。

四、制卷工厂

试卷的印刷管理是高考管理中的重要环节,属于国家保密范畴,主要包括制卷工厂的选择与要求、制卷工厂工作人员的选择与要求、试卷印刷的质量要求、试卷的交接与运送等。

(一)制卷工厂的选择与要求

(1)大规模全国统一考试的试卷由国家教育考试机构或省级教育机构负责印制,必须在国家保密局审定批准的定点印刷厂印制。

(2)制卷工厂与教育高考机构双方签订安全保密、质量要求等方面的协议,并且在印卷工作开始之前就将印刷项目、印刷时间等情况报上级高考机构、同级国家保密部门和教育行政部门备案。

(3)制卷工厂必须拥有足够的规模和印刷条件,能够满足试卷印制的工期、数量、质量等要求,能够采用先进的印刷技术,及时更新印刷设备。

(4)制卷工厂与外界应有高墙隔断,非生产人员不得进入厂区,生产工人不准进入其他车间,任何人不得单独进入存有试卷的场所。严禁厂内向外运送任何物品。加强对车间门窗、下水道、排水管等特殊部位的监控。

(5)建立专门的保密室,由专人专柜保管制卷时的样卷、印版、纸型,并设置专人负责试卷库、废卷库或其他相关资料的场所安全。

(6)制卷工厂内的生产区、试卷库、废卷库、生活区等各个区域需要隔离;生产、生活设施维护良好,有能力自行维修主要设备;备件、备料充足;消防器材齐全。

(7)印刷厂必须严格进行无线电和手机信号屏蔽,确保入闱区域全面覆盖、无死角。

(二)制卷工厂工作人员的选择与要求

(1)参加印制试卷的人员必须经过审查,并具备以下条件:遵守国家保密法律、法规和制卷工厂的保密制度;工作态度认真,业务素质高;身体健康;无直系亲属参加当次高考;组织纪律性强。

(2)省级教育高考机构必须加强对试卷印制过程和派出的监印人员的监管,选派熟悉业务、经验丰富的中层(含)以上干部带队入闱监印。

(3)对试卷监印等涉密人员进行资格审查,由各单位主要领导审签,政审建档,签订《保密承诺书》,人员名单报教育部考试中心备案。

(4)监印人员的主要职责:协助、监督试卷报数、统计、封装和分发工作;检查试卷印刷各流程的工作质量;监督制卷工厂严格执行保密制度;负责联系高考部门,处理与试卷印刷有关的工作;协调处理其他有关高考印刷的工作。

(5)所有入闱人员在入闱时须进行违禁物品检查并全程录像,严禁个人将无线电话机、对讲机、手机、笔记本电脑等通信工具以及带有摄像、录音功能的器材带入厂区。入闱人员使用厂内专控电话必须经入闱负责人同意,并指定两人在场,对电话内容进行记录(录音)。所有涉密计算机必须移除上网、蓝牙等通信功能,有条件的,增设中间机用于涉密材料的交换,入闱前由省级教育高考机构联合安全或保密部门检查,检查情况报教育部考试中心备案。

(6)入闱人员不许出厂。因公、伤、病必须出厂的,须经工厂入闱负责人及教育机构的监印人员共同同意,并有两名以上安全保卫人员同行。

(7)须配备足够的保卫人员,确保试卷印制过程中的安全机密;同时,公安机关也须加强对制卷工厂外围防范,提高治安控制能力。

(三)试卷印刷的质量要求

(1)对教育部考试中心提供的试题、答案及评分参考清样,在印制过程中任何人不得擅自改动。如需变更,必须经教育部考试中心批准。

(2)试卷中图表、文字必须印刷清晰、整洁,试卷袋密封牢固,封包上的高考日期和时间必须准确无误。

(3)试卷内的数量要准确,试卷装订要整齐,无白页、缺页、半页、倒订现象。实行封装复查制度,一人装卷,一人复查,并进行记录。

(4)执行严格的校对程序,对试卷的排版、内容和印刷质量进行全面校对,坚持三次校对制度。

（5）每个试卷袋要加封印有省级教育考试机构确定标记的透明塑料膜；备用试卷袋包装要与正常试卷袋包装有明显区别。

（6）制定试卷袋密封条的纸张规格、粘贴位置、加盖签章等标准见教育部考试中心有关制卷工作规范。

（7）试题、答案及评分参考清样只能由监印人员在解闱后带回，不得随试卷一起发送。

（四）试卷的交接与运送

（1）试卷清样进厂、试卷及相关高考材料的制成品等出厂应当履行严格的交接手续。教育考试机构、定点印刷厂必须有专门的交接记录单，由专人负责接收。各环节的经手人必须在交接记录单上记录交接材料名称、数量、时间、地点等相关信息，并签署姓名。做到"谁经手、谁签字、谁负责"。

（2）试卷保管、分发场所必须安装两个以上摄像头，进行全程全方位、无死角监控录像，并实行回放查看、报告制度。参加试卷整理的人员必须由教育纪检监察、高考机构的正式在编人员组成。监控录像由教育纪检监察部门即时回放。所有人员在整理试卷工作全过程中不得单独离开试卷整理现场，进出场所实行严格的登记制度。

（3）试卷运送车辆须加装试卷视频监控设备或 GPS/ GPRS 或 RFID 等技术手段，教育考试机构能够随时监控试卷运送情况。试卷运送到目的地后，录像由当地教育纪检监察和公安部门人员共同立即回放，并填写情况登记表。

五、命题场所

严格按照程序执行命题工作，有利于高考的科学公正、安全有效和准确规范。同时，作为命题工作的实施场所，命题场所也应具备完善的安全保密条件和相应的安全管理措施。

（一）命题场所的选择

命题场所的选择应有利于满足工作、生活和管理的要求，一般选择位置偏僻、居民较少的地方，或选择具备较好的办公设施或食宿条件较好的地点，主要从工作需求、生活需求和管理需求三方面考虑。

1. 工作需求

（1）命题场所必须相对封闭，并配置必要的经过省级公安部门和保密部门检测认可的安全保密设施。

(2)命题场所内需设置保密室、办公室和分学科命题工作室专用楼层。

(3)命题场所作为核心保密区,外围须设置专门的警戒和保护措施,并由武警或公安协助安全保卫工作,实行24小时值班巡逻制度。

2.生活需求

一般而言,命题场所的使用周期为40天至60天,命题工作场所包括命题工作间和命题人员住宿场所;入闱人员包括命题教师、管理人员、保密人员、监督人员等。为保证命题工作的顺利进行,命题场所应保证所有人员的工作和生活需求,具备饮食、水电、住宿和娱乐等条件,并考虑应对各类自然灾害和不可抗拒因素导致的供应中断,提供足够的食物、水源和电力。

3.管理需求

(1)需具有较宽敞的隔离区域。由于命题是一个保密性极强的工作,所以命题场所一般划分为内闱、二闱和外闱三个区域。在各个隔离区域中,都设有铁丝网进行隔离,同时派驻武警和安保人员在命题场所外围进行巡逻。

(2)考虑到对计算机和办公自动化设备的电磁辐射泄漏的防护需要,场所要设置以保密室为圆心,半径为100米的隔离地带。保密室按保密规定应该为屏蔽室,但在实际中很难达到要求,目前任何干扰设备也达不到完全保密需求,所以在实际操作中应考虑安全距离和干扰设备并用的措施进行物理防范和技术防范。

(3)避免在两个地市级的行政交界处进行选址。在两个区域的交界处所设置的信号基站会有信号交错现象,会给手机信号的干扰工作带来很大的难度。

命题工作间应当配备以下设备和用品:双锁的保密柜一个;兼有密码锁和挂锁功能的保密箱两个;纸屑型碎纸机两台;打印机两台;专用保密印章一枚;保密纸袋、封条若干;专用试题试卷登记簿和设备登记簿。

(二)命题场所的防护

1.入闱前检查

(1)环境检查

环境检查一般在命题教师和工作人员进驻前2~3天入场,首先应解散大部分宾馆的服务人员,只留下少量人员进行清理工作,避免混杂人员介入。其次将保密检查组分为两组:一组负责清理宾馆内的各类纸张、没收内置电话和对讲机等通信设施;另一组负责检查检测宾馆附近的无线发射信号和房间内窃听、窃照设备。两组确定无疑的房间立即关闭门窗并贴专用保密检查封条。检查的次序是先高楼层后低楼层,每检查一层立即封锁一层的所有通道;先内闱后外闱,逐级检查,直到武警部队到来后进行签字交接。

(2)办公用品检查

办公用品按照事先分配的需要,一般在入闱前进入内闱,在保密技术检查检测中须依照物品清单对所有物品进行清查,特别注意无线设备的夹带。

(3)办公自动化设备检查

办公自动化设备由按照事先安装调试的需要,一般也会在入闱前进入内闱,对所有进驻的办公自动化设备进行保密技术检查,注意的事项有:对笔记本电脑的检查,检查是否配备了无线网卡、无线键盘、无线鼠标,取掉各类PCMCI卡,合理预留USB接口或者配备违规外联系统;检查打印机是否具有无线功能,一旦发现须立即更换。

2. 命题中防护

(1)命题人员在参与命题工作期间,应当准时进入命题工作场所,服从集中封闭管理,不得擅自外出,封闭期间禁止会客。确需提前离开命题工作场所的,应当经命题现场负责人书面批准。

(2)命题人员进入命题工作间应当出示专用证件,接受警卫查验。命题人员不得单独进入或者滞留于命题工作间。

(3)命题人员以外的其他人员,未经允许,不得进入命题工作间。确需进入的,应当经命题现场负责人批准,并由保密工作人员在场监督。

(4)禁止命题人员携带个人用计算机、移动电话和具有存储、摄录功能的设备进入命题工作间。发现有违反规定的,由命题现场负责人会同保密工作人员立即对其携带物品进行检查和封存。

(5)禁止命题人员通过电话、手机或者其他通信、传输工具讨论试题、试卷、答案或者发送与命题有关的信息。确因工作需要使用通信工具的,应当经命题现场负责人书面批准,并在保密工作人员监督下使用。

(6)命题工作间实行双人双锁制,钥匙由包括保密工作人员在内的两名工作人员分别保管。钥匙保管人不得擅自将其转由他人持有、保管。

(7)在每日命题工作结束后或者暂停工作期间,应当由包括保密工作人员在内的两名工作人员对命题工作间进行例行保密检查。检查内容包括:清理工作桌(台),查看有无未锁入保密柜(箱)的试题试卷、文件、笔记本、移动存储介质、纸片等;逐台查看计算机是否关闭或者进入密码锁定状态;检查黑板(或者写字板)、空白纸(本)上有无可以分辨出的试题文字痕迹等。

(8)命题工作间关闭前,由包括保密工作人员在内的两名工作人员负责查看和关闭门窗。

（9）命题工作开始前应当封闭计算机接口。计算机运行时应当启动干扰器，防止辐射电磁波泄露涉密内容。

（10）服务器、计算机应当在专门监控摄像头监控范围内摆放、使用。操作时必须有两名以上命题人员在场。

（三）命题场所的管理

（1）命题工作应当在命题工作间集中进行。命题工作间严禁与命题工作无关的人员进入，严禁在命题期间挪作他用。

（2）命题工作间原则上不得设置在一楼，应当配备监控设施、防盗门窗、防电磁泄漏仪器等安全保密设施；有条件的，还应当配备红外报警装置或者其他更严密的安全保密设施。

（3）命题工作间实行二十四小时封闭管理。

（4）非经命题现场负责人同意，严禁将上述设备转交他人使用、保管或者办理寄运。

（5）命题移动存储介质应当统一配发使用，并标有特殊标记且数量确定，统一编号，由保密工作人员负责登记、保管。命题人员应当按照规定的方法、范围使用移动存储介质，不得挪作他用。移动存储介质应当在命题工作间内使用，未经批准任何人不得将其带出命题工作间。移动存储介质由保密工作人员负责在每日命题工作结束后收回，并进行清点、登记，存放于保密柜。

（6）命题工作所需纸、笔、本等文具应当统一配发，编号使用，用后按密品收回统一保管。需要销毁的，应当经命题现场负责人批准，由保密工作人员登记后销毁。

（7）所有与试题试卷有关的文字信息，应当记载在统一配发的专用笔记本上，严禁在其他载体上记载。

六、阅卷场所

阅卷是高考管理工作中的重要环节之一，阅卷场所的管理同样也是高考管理工作中的关键一环。为保证阅卷工作安全有序万无一失，阅卷场所要做好安保措施，科学规范管理。

（一）阅卷场所的要求

1. 阅卷场所的选择

在目前的标准化考试中，大都采用依托计算机网络技术和电子扫描技术的计算机网上阅卷，主观性试题网上阅卷是一种现代的阅卷方式，同时也逐渐成为一种主流的阅卷方式，尤其是在高考工作中，网上阅卷已在全国各地普及。由于参加高考人数众多，高考网上阅卷系统的建设投资巨大、运行环境要求极高,因此要选择的阅卷地点,其计算机和服务器配置都要能够满足阅卷工作的需求。

2. 阅卷场所的防护

(1)阅卷场所内要加装空调,保证室内有适宜的温度、湿度,以利于机器的正常运转。

(2)所有用电设备均应接地,场地内禁止吸烟。

(3)正式评卷之前,相关技术人员做好阅卷环境准备工作,断开评卷电脑与互联网之间的连接,并采用独立的网络系统,保证阅卷系统不会受到黑客等外界因素的干扰。同时做好阅卷环境准备工作,并进行压力测试,以保证阅卷过程中系统能够正常使用。

(4)阅卷期间,相关阅卷场所要实行 24 小时全封闭管理。封闭期间,评卷场地由武警负责 24 小时值守。

(5)阅卷场所启用视频监控,对阅卷全过程进行实时监控。

(6)阅卷期间要开启手机信号屏蔽装置,技术人员要定期使用信号检查仪器对屏蔽信号进行检测,根据检测数据及时地调整手机信号屏蔽设备的功率。

(7)做好计算机机房、计算机硬件设备的安全和维护工作,防止黑客恶意的攻击或者自然灾害的损害,保证数据的安全。

(8)高考数据实行备份制度。成绩数据库由数据管理员和系统管理员共同负责。

(9)经教育高考机构负责人授权的工作人员可以使用内部网络,未经授权人员不得操作、使用内部网络内的任何计算机。

(10)计算机密码应当由省级教育高考机构专人负责掌管,重要计算机的密码必须由两人以上共同掌管。

(二)阅卷员的管理

(1)具有专用工作证的各类人员进出阅卷场地时,所携带的物品均要接受武警检查。

(2)要求阅卷教师在工作时不得会客、打电话,并严禁将光盘、软盘、移动存储器、手机等带入阅卷场所。

(3)阅卷场内使用的工作牌分有等级。阅卷现场将以工作证的颜色作为进出场地的主要依据,因此要用不同颜色的工作证来区分职责和能够出入的区域。

(4)每一名进入阅卷场的工作人员,包括领导小组成员、阅卷教师、清洁工、保安等都必须存包后方可进入阅卷机房、扫描室、试卷保管室、数据处理室等地方,而且只能在自己的工作"地盘"内活动,不能"串门"。

（5）存包后的工作人员只能"轻装上阵"，不能携带手机、通信设备以及 U 盘、MP3 播放器、移动硬盘等有存储功能的设备进入阅卷现场；阅卷教师只能在规定地点和终端阅卷，不准在各阅卷室及计算机终端之间"串门"。

（6）每日阅卷工作全部结束后，要将机房封闭，并在技术人员、保卫人员、阅卷工作管理人员同时在场的情况下，贴上签有三方签字的封条。同样的，次日开启机房时也需三方人员同时在场。

（7）禁止阅卷员将阅卷材料带出阅卷场所。参与阅卷工作的高考工作人员不得向外界透露统分进度和有关情况。未经省级教育高考机构主要负责人同意，不准擅自查询考生考分，更不准改动考生考分。如发现有改动考分的可疑情况，应当及时向有关负责人报告。计算机操作人员不得以任何理由改动考生考分。

（8）评卷情况、高考成绩等相关信息的安全保密工作由相应的教育高考机构负责。严禁泄露未正式公布的考生信息、高考信息和评卷信息等。

第二节 高考过程管理

高考过程包括命题、制卷、组考、阅卷评分、高考成绩统计分析、招生录取信访等。

一、命题

（一）命题概述

何谓命题？《教育大辞典》中解释为："根据考试的目的编制试题，组配试卷。须制定命题计划，按知识的不同部分和能力的不同层次，分别规定出试题数量和占分比例。"这种工作过程亦叫"出题"或者"拟题"。如果说试题和试卷是一种测验工具，那么命题就是这种工具的"制造过程"。命题是高考工作中的中心环节，命题的质量直接影响到高考的质量及其社会声誉，同时也直接关系到人才的培养水平和选拔质量。

整个高考过程可以以命题为中心分为两个阶段：第一阶段的主要任务为确定高考目标，选择高考内容和方法，制订高考计划；第二阶段的主要任务为印卷、高考、阅卷、结果的反馈与收集、命题工作与试题质量的综合评估等。第一阶段的任务是在命题之前进行的总体计划和规划，是一种命题蓝图；第二阶段的任务是根据命题的结果来对数据进行分析和处理。命题计划要做得非常完善，阅卷过程与数据分析过程要做得十分缜密。如果没有命好题，也就失去了考试本身的意义。因此，命题工作在高考过程中占据着举足轻重的地位。

(二)命题的内容和形式

在标准化高考中,按照试题的正确答案是否唯一、评卷给分是否客观,可以把试题分为客观性试题和主观性试题两种类型。一般来说,客观性试题无须根据阅卷员的观点来评分,甚至整个阅卷工作可以由机器来完成;主观性试题必须根据自己的主观意见来进行判断,基于对评分标准的不同理解来决定答题人的答案是否正确、完整。

1.客观性试题

客观性试题知识容量大、覆盖面广,可以较为全面地考查学生的基础知识和基本技能,还能考查学生的思维敏捷性。此外,由于评分标准统一、客观,易于采用计算机阅卷,提高评价速度,降低高考成本。常见的客观性试题包括正误题、选择题、配对题和填空题等。下面就这几种题型进行简要介绍:

(1)正误题。正误题即判断题,该题型通常提供正确和错误答案两者,除此之外无其他答案。正误题的答题方式很简便,通常使用"√"、"×"或"Y"(Yes)、"N"(No)或"T"(True)、"F"(False)表示。正误题命题通常是一些比较重要的或有意义的概念、事实、原理或结论。在高考英语中,正误题通常联系短文内容进行发挥,或给出几个意思相近或者相反的句子要求考生进行鉴别、判断。

(2)选择题。选择题是一种最常见的高考题型,一般由题干和备选项两部分组成。题干就是用陈述句或疑问句创设出解题情境和思路。备选项是指与题干有直接关系的备选答案,分为正确项和干扰项。一般来说,备选项的个数设置在4~5个,若备选项太少,考生答对的偶然性增加,则直接会影响到高考的信度和效度;若备选项太多,则会增加高考难度,甚至会影响到考生的临场发挥。常见的选择题型有以下几种:

①直接提问式,又称单纯识记题。这种提问方式开门见山,主要考查学生对知识的记忆是否准确。例如:

在国际单位制中,质量的单位是(　　)。

A. 千克　　　　　　　　B. 牛顿

C. 帕斯卡　　　　　　　D. 焦耳

②不完整表述式,即不完全陈述句。这种提问方式一般用于概括、对比、分析、归纳、推理等问题,要求考生选出最佳答案,使句子完整。例如:

启蒙学说发展了人文主义,这主要表现在(　　)。

A. 主张建立法治社会　　B. 宣传天赋人权

C. 提倡自由平等　　　　D. 反对教权主义和蒙昧主义

③陈述型。即题干为陈述句,选择项是一句话。其中一个选项与题干问题相符。

例如：

花粉在水中做布朗运动的现象说明（　　）。

A. 花粉的分子在做激烈的热运动

B. 水分子在做激烈的热运动

C. 水分子之间是有空隙的

D. 水分子之间有分子力作用

(3)配对题。即在题目中分别列出两列或两列以上的词语，分别为前提和答案，再进行配对，考查的是学生对于知识细节的理解。例如：

把下面物品和它对应的机械原理连接起来。

引桥	省力杠杆	螺钉
凿子	费力杠杆	手推车
镊子	明显斜面	羊角锤
起子	不省力不费力杠杆	核桃夹
起重机	定滑轮	赛艇
三球仪	动滑轮	钳子
斧子	滑轮组	书夹子
手动钻	齿轮	订书机
窗帘	变形斜面	起重机
天平	视情况而定的杠杆	跷跷板

(4)填空题。填空题又称填充题，先给出已知条件，在后续语句中空出要问的答案以横线或括号代替，然后让被测者补充答案。填空内容主要有两类：一类是定量填空；另一类是定性填空。前一类是补充一些简单的单词，所填内容清楚明白，措辞简单明了。后一类多以填句子为主，考查被测者对知识的再认识能力，所填答案因理解不同而有所偏差。

2. 主观性试题

主观性试题是现代高考中最基本的题型之一，又叫非客观性试题，是指答案的表现形式多样、评分时受评卷人主观影响的高考题目。通常包括名词解释题、简答题、论述题、案例分析题和命题作文等。与客观性试题不同的是，主观性试题只有题干，没有备选选项。通过开放式的问答，被测者能够灵活组织材料，表达想法，以便更好地考查被测者具体的学习情况或者对知识的理解、应用能力。相对于客观性试题，主观性试题的优点在于不拘泥于固定的答案，在考查被测者语言表达能力和思维创新能力方面有独到的作用;但在评分过程中主观性太强,阅卷者的知识水平、认知水平、阅卷时的状态和喜好都会影响到评分时的信度。

(三)命题管理要求

考试主要是了解被测者的学习和发展状况,用以改进教学、促进学习或者选拔优秀人才,所以怎样考、考什么才能更好地发挥其导向作用是一个重要的问题,也应该是在命题过程中值得注意之处。一般来说,科学的命题应满足以下要求:

1. 基本要求

(1)命题时符合教学大纲的要求,不出超纲题、偏题或是没有考查意义的题目。

(2)命题时应突出基础性,恰当考查被测者的基础知识与基本技能。

(3)命题要突出体现知识的发展性,考查被测者运用知识、触类旁通的能力。

(4)命题要紧密联系社会生活实践,重视考查被测者的应用能力。

(5)试题要有适当的难度和较高的区分度,即要保护被测者的积极性,又能拉开档次。

2. 题干表述要求

(1)题干要简洁明了,避免使用疑问句和双重否定句。

(2)题干表述不能出现歧义,模棱两可。

(3)高考题目中要避免具有争议性的观点。

(4)题目中要尽量避免有争议的内容,其正确答案应该是确定无疑的。

(5)避免使用暗示性词语。例如:在正误题中,题意正确时,尽量较少使用"一般来说""有时""大多数""可能"等词语;当题意错误时,尽量较少使用"全部""绝不""总是""都是"等词语。

(6)避免出现用字、用词错误,导致被测者在理解上存在偏差。

(7)备选项中的干扰选项应具备干扰性,避免干扰项无意义。

二、制卷

(一)制卷概述

制卷的过程就是编制试卷的过程,它依据高考目标,通过科学规划高考的内容来有效控制试题内容的效度和水平。在编制试卷的过程中,通常要处理好四方面的内容:①题量及其分布,综合考虑试题的质量和数量,合理分布考题的覆盖面;②题型及其搭配,高考采用的题型通常取决于高考的目的、内容等要求,试卷中常采用客观性试题和主观性试题相结合的方式;③难易及其层次,在识记、理解、运用、分析、综合、判断等层次上调整划分,避免出现试题难度偏低或偏高的现象;④试题的卷面安排,试题拟好后,通常按照选择题、填空题、简答题、论述题的顺序排列,每类题型又按先易后难的顺序编排,形成梯度,组配成卷,并编拟好指导语。

(二)制卷的内容与程序

制卷工作是一项周密的创造性工作,因此在制卷过程中要全面考虑各方面因素,严格按照规范程序进行,进而编制出科学的、高质量的试卷。制卷过程一般包含以下程序:

1. 明确考试目的

任何考试都具有目的性。例如,在选拔性考试中,考试的目的是选拔最优秀、最适合某具体岗位的人才,因此考试的区分度较大。在导向性考试中,考试是教学的指挥棒,对以后的教学起到了引导作用。因此,在制卷之前首先要做的就是明确考试目的,以确定考试试卷在知识内容、能力层次和题型方面的计划安排。很明显,高考既是一种选拔性考试又是一种导向性考试。

2. 制订命题计划

命题计划是整份试卷编制的蓝图,更是科学编制试卷、周密安排考试内容的重要依据。命题计划主要包含两项内容:一是编制试题的原则和要求,明确考试的范围、方法、目标、难度和题型等;二是规定试题在试卷中的分布,即具体考试内容中各部分试题的数量分布、所占权重以及各部分内容所需的大概时间等。

3. 编制双向细目表

双向细目表实际上就是考试内容和学习结果两个维度,一般纵向的维度反映考查的内容即知识点,横向的维度反映被测者的认知水平,通常采用识记、理解、运用、分析、综合、评价六个等级。双向细目表常以图表形式详细、明确地列出各项内容的量化指标,用以规范、指导编题和制卷。编制双向细目表可以避免制卷过程中出现内容覆盖不到位或者同一内容在不同题型中重复出现的情况,同时能够帮助命题者厘清能力层次和学习内容之间的关系,使命题者具有明确的测验目标。双向细目表具体样例见表5-1。

表 5-1　　　　　　　　　高三数学试题命题双向细目表

题型	题号	分值	内容	简单	中等	较难
选择题	1	5	直线极坐标方程	√		
	2	5	圆极坐标方程	√		
	3	5	极值互化、点的极坐标	√		
	4	5	参数方程、点与方程的关系		√	
	5	5	直线的参数方程、倾斜角	√		
	6	5	排列组合计数		√	
	7	5	二项式定理		√	
	8	5	统计初步	√		
	9	5	几何概型	√		
	10	5	古典概率(结合几何图形)			√
填空题	11	5	直角坐标系、伸缩变换	√		
	12	5	球坐标与柱坐标互化		√	
	13	5	正态分布	√		
	14	5	二项式定理	√		
	15	5	条件概率计算		√	
解答题	16	12	椭圆参数方程、直线参数方程、参数方程统计初步		√	
	17	12	概率、分布列、数学期望（二项分布计算）		√	
	18	13	统计案例		√	
	19	12	概率、分布列、数学期望			√
	20	13	统计案例		√	
	21	13	概率、分布列、数学期望			√

4．编制试卷

编制试卷的第一步就是依据考试原则、紧扣考试目标来草拟试题。在草拟试题的过程中，一要注意考虑所拟题目是否涵盖高考要点；二要注意编写题目时是否表达清楚、明确，无叙述错误和知识性错误；三要根据考试要求的认知水平，涵盖记忆认知、理解、运用三级来编写题目，题量应大于实际考试题目，以供筛选。

在草拟试题的工作完成之后，就要对试题进行筛选、组卷。对照双向细目表，审查所编写的试题是否涵盖各个知识点，并根据实际情况对试题进行补充、删减、修订。在语意表达方面,从科学性、思想性、逻辑性、独立性、时代性等方面进行审定;在效度和信度方面也要合理控制。最后,编写简明扼要的试题指导语,依据高考时间控制试卷的总题量和试题数,按先易后难的顺序进行组合,形成整卷。整个卷面要注意字迹清晰,疏密有致,整齐美观。

5. 编制参考答案及评分细则

拟定参考答案和评分细则时,要注意其合理性和价值性。参考答案要鲜明、清晰,易于阅卷者参照。尤其是客观性试题的参考答案,必须准确,每道试题只具有一个正确答案或最佳答案。只有答案具有了准确性,才能避免评分过程中的随意性。主观性试题的参考答案可适当灵活拟定,除拟出答案要点之外,还应重视学生的个人理解和观点,并表明态度,如"不求文字一律""只要言之成理,均应认可""围绕……来答即可"等。在制定评分细则中,对主观性试题的评分也不能绝对标准化,要具体问题具体分析,做到"给分有理,扣分有据",充分尊重学生个性化的理解和表达,注意答案的合理性,适当给出分数。

(三)制卷管理要求

制卷的过程是实施考试的关键环节和质量保障的前提,因此有着严格的组织程序和统一的标准,具体来说,制卷过程中要满足以下要求:

(1)试卷的形式和试题的编制要科学化,试题的排序要符合被测者的思维水平和心理特点,按由浅入深、从易到难和由简单到复杂的顺序排列。主观性试题和客观性试题的题量和分数比例恰当,试题内容须科学无误,陈述上要简约、无歧义。

(2)试卷应具有有效性,即要拥有较高的信度、效度、区分度和适当的难度。测量内容能够客观、准确地反映学生的学习情况,同时也能有良好的区分度,以发现学生各自存在的问题,为反思教与学提供科学依据。

(3)试卷层次要合理化,即按照高考目的和被测者实际情况确定试题的难、中、易层次的比例。基础题主要避免成绩较差的人失去学习的自信心,稍难题主要激励成绩中等的人,较难题主要激发被测者的创新意识和创新能力。

三、组考

(一)组考概述

组考就是组织高考的过程,整个过程贯穿高考的始末,既包括考前的考务管理工作,也包括考中的实施工作和考后的检查、清理工作。组考是高考实施中的核心内容,也是整个高考成败的关键环节,所以在组考过程中,要严格控制每一环节,做到规范化管理,保证高考工作能够有序开展。同时也要注意通过环境控制、宣传教育等方式防止舞弊现象,保证高考的顺利进行和高考结果的公平有效。

(二)组考的流程

为保证高考工作能够公平、公正、严格、有序地进行,组考过程应执行以下程序:

1.成立考务工作领导小组

各考区或考点要成立考务工作领导小组,对整个高考过程进行统筹领导,并设立考务办公室,指定专人担任组长、副组长和成员等职务,负责高考工作的协调统一,监督及落实高考工作中各环节的责任,解决高考中可能出现的突发事件,保证高考工作圆满完成。

2.拟发报名通知

根据上级组考文件的要求,以文件式书面通知或网上报名通知的方式拟发报名通知,主要包括以下信息:

(1)考试时间。

(2)报名对象和条件。

(3)报名时间。

(4)报名方式和程序。

(5)报名费用。

(6)报名信息校对时间。

(7)准考证领取时间、地点。

(8)考生注意事项。

(9)考试报名表。

3.接受报名

符合报名条件的考生可通过现场报名或者网上报名系统进行报名。报名截止后,要将考生的信息整理成表,进行信息校核后将数据上报,同时做好数据备份工作。

4.考前准备

为了做好充分准备,从严从细抓好考务工作,必须积极做好以下考前准备工作:

(1)考点安排。

(2)打印考生名册、准考证、座位标贴、考场标贴。

(3)发放准考证。

(4)初选监(巡)考人员,对监(巡)考老师的筛选采用"三不"原则:不优秀的不选;不认真的不选;应回避的不选。同时,建立监(巡)考人员档案数据库,数据库资料上报考务领导小组备案。

(5)编制考务安排,包括组织机构、人员安排、时间地点安排、考试流程安排和工作纪律等。

(6) 考试材料整理、装袋。

(7) 将试卷存放至保密室,保密室做到24小时昼夜值班,确保试卷的绝对安全。

(8) 召开考务会议,布置工作任务。

(9) 对所有考务人员进行考前和集中培训,确保考务工作岗位安排科学、职能清晰。

(10) 检查考场。主要包括:考场的设置、桌椅的摆放是否符合要求;考点横幅、警戒线、考场安排示意图、《考试纪律》和《考试违规处理办法》等是否齐全;等等。

(11) 检查考试设备。各考点要对视频监控系统、安检设备、无线电信号屏蔽器、身份证识别仪和网上巡查系统等进行全面检测,将设备调试到最佳状态,确保各项设备运转正常。

5. 施考

(1) 开考前30分钟,监考人员校对时间,并领取试卷、答题卡、草稿纸、高考用品、考场座位表以及监考人员许可证。

(2) 开考前15分钟,考生持准考证、身份证、学生证等相关证件和考试用品入场,待监考人员核对相关信息后对号入座。

(3) 开考前10分钟,监考人员宣读《考试考场纪律》《考生考试违规处理办法》和相关注意事项。

(4) 开考前5分钟,主监考当众拆封试卷,核对考试科目、清点试卷和答题卡份数,检查试卷是否破损,是否漏印。在检查完毕后发放试题。

(5) 开考铃响后,监考人员宣布考试开始,考生开始答卷。

(6) 开考后30分钟,迟到考生不得入场。

(7) 开考后30分钟,监考人员就高考人员的姓名、学号、准考证号、座位号逐一检查。监考人员在缺考考生的答题卷"姓名栏"中填写"缺考"字样,粘贴条形码,用2B铅笔将缺考考生答题卷上的"缺考标记"涂黑,将缺考情况在考试情况记载表和答题卷袋上做好记载。

(8) 开考后,巡考人员须佩戴巡考标志,负责巡视考试组织管理、工作人员执行纪律情况以及对考场布置、试卷保管、交接、保密和考试实施等环节进行检查。巡考过程中,若遇到违纪现象要向上级主管部门及时报告。

(9) 考区设考区领导小组,并请公安、纪检监察、保密等有关部门的负责人参加,共同解决高考期间发生的重大问题。

(10) 监考人员必须在考试结束前15分钟提醒学生掌握好时间。

(11) 考试结束后,监考人员宣布考试结束,考生停止答题。

6.考后工作

(1)考试结束后,监考人员须认真清点试卷、答题卡份数,清点无误后考生方可离开考场。

(2)监考人员将考生的答题卡按照准考证号码的顺序排列,验收无误后将试卷收入卷袋内,并用胶水将卷袋封严。

(3)监考人员将试卷送试卷装订室、装订密封试卷。

(4)对于违纪考生的作弊材料、工具等,应予暂扣,对暂扣的考生物品应填写收据。考生违规记录作为认定考生违规事实的依据,由两名以上监考员和考点负责人签字确认。

(5)考点将试卷和考试登记表整理完毕后,由考点通过保密渠道送达指定考区办公室,交给指定接受人,做好交接手续。

(三)组考管理要求

为保证考试能够顺利进行,规范考试过程的组织和管理,切实体现考试的公平、公正,在具体的组考过程中应注意以下几点要求:

(1)考前要对准备工作全面检查,做到考点庄严、整洁,考场分布合理。

(2)监(巡)考人员必须高度负责地做好考场的监督、检查工作,严格维护考场纪律,制止违纪行为,确保考试公正、顺利地进行。

(3)各考点要严格执行考务制度,对于在考试过程中的违纪事件和人员要严肃对待、及时处理。

(4)场外秩序要规范有序。做好考点的封闭和警戒线的工作,保证考生能够有序入场、退场,考试环境安静有序。

(5)做好后勤保障工作。对于重点场所,例如放音室、考务室、临时医务室的室内线路进行全面检查,消除隐患,确保万无一失;考点设若干考场以及考务、保卫、医疗、后勤等小组,以保证高考正常实施。考点设立从考务办公室到考场的封闭式专用通道。

(6)加强安全保密工作。高考期间,所有工作人员必须守时守纪,认真履行工作职责,确保考试顺利进行,确保不出安全事故,确保不出重大违纪舞弊事件。

四、阅卷评分

(一)阅卷评分概述

阅卷评分,亦称"评卷",是高考管理工作的重要环节之一,是决定录取与评定成绩的关键步骤,尤其是在选拔性高考中,阅卷的过程极为严密。

目前,阅卷方式分为人工阅卷和计算机阅卷。人工阅卷一般采用一组或者一人一题的方式,依据标准答案和评分细则阅卷评分,评分的要求是"客观公正,给分准确,宽严恰当,前后一致"。阅卷后将各题进行合分,要求准确无误。同时阅卷组长或指定教师对试卷进行复查、抽查,对于错评试卷和评阅不规范的试卷重新进行阅卷。人工阅卷是自有了考试以来就使用的传统阅卷方式,这种方式简单、灵活,可操作性强。但是由于人们自身的局限性,在阅卷过程中难免会存在评分标准不一、阅卷效率低、统计分析难等问题,因此在很多大型考试中,计算机阅卷逐渐取代了传统的人工阅卷。

计算机阅卷主要应用于一些标准化考试当中,在考试时将答题卡发至考生手中,要求考生使用2B铅笔将答案的代号涂到答题卡上,回收后将试卷扫描至系统数据库中,并在扫描过程中完成客观性试题自动阅卷的过程,主观性试题则扫描至电脑中由阅卷教师根据答题情况给出相应分数。阅卷完成后,系统将会自动完成成绩的分析统计工作。由于计算机阅卷在阅卷质量、阅卷效率上有着显著优势,因此计算机阅卷逐渐成为教育测评的主要方式,下面我们也将主要针对标准化高考中的主观性试题阅卷进行介绍。

(二)阅卷评分的流程

1. 培训阶段

为保障计算机阅卷的顺利进行,在正式阅卷前要组织阅卷员进行系统的培训工作。培训的主要内容,除了从思想上让阅卷员认识到评卷工作的严肃性、重要性以外,还要全面熟悉网上阅卷的流程和安保细节,准确把握评卷标准,严格按照阅卷的具体操作程序和要求,保证评分科学公正,保证阅卷统一进度,确保阅卷工作高质量地完成,真正体现高考的公平、公正、公开和权威性。

2. 扫描答题卡

用于扫描试卷的仪器外形类似打印机,工作人员将答题卡由扫描仪端口推入,扫描仪会自动采集录入,只需几秒时间,一份答题纸内容就会形成电子图像,显示在其连接的电脑桌面上。扫描完成后,答题卡会自动从扫描仪的另一个端口"吐出",一份答题卡的扫描录入工作就完成了。[1]

在扫描过程中,根据题型的不同可以分为不同的阶段。客观性试题的阅卷过程操作简单,在扫描时先用高速扫描仪快速扫描答题卡,然后由计算机自动比对标准答案,给出得分。而主观性试题的阅卷较为复杂,扫描时分为三个阶段:首先,用快速扫描仪扫描答题卡至数据库中;其次,计算机根据阅卷要求,按照不同题目切割成小图片,以批号、流水号为索引为每个考生建立一系列文件存入服务器;最后,服务器会随机将考生的答题图片分配给相应题目的阅卷员。[2]

---

[1] 张琳.非客观题实行四评制[N].扬州晚报,2012-06-13.
[2] 张琳.非客观题实行四评制[N].扬州晚报,2012-06-13.

3. 试评阶段

试评的目的是制定标准卷和统一评分标准。在对评卷人员进行分组之后,每个小组要根据命题专家的解释,仔细理解评分细则,然后参加样卷试评,发现实际操作中的问题,发现评卷中的难题。对于评分细则中没有列出的情况,阅卷员要请教阅卷组长,组长不能确定的,要向专家组汇报,经专家组认真讨论后,再进行统一解释。需要注意的是,试评的分数是待定的分数,而不是最终的分数。

4. 正评阶段

试评之后,全体成员进入正评阶段。阅卷成员一般由普通阅卷教师、题组长、科目组长组成。阅卷系统会根据阅卷教师的不同层次设定不同的权限。例如普通阅卷教师只能看到自己所阅的卷子,但是无法查阅其他教师阅卷的情况。而阅卷组长则可以看到每名教师的阅卷进度、被抽查数、被抽查率、出错率、被修改率、平均分等数据。

阅卷开始后,计算机根据操作者的指令,随机将考生的答题图片分配到评阅相应题目的阅卷教师的计算机上,阅卷教师根据评分标准对考生的答题情况给出分数。如果两名不同的教师针对同一考生的同一题目给出的分数差在事先规定的误差阈值之内(评卷误差允许的最大范围值),则计算机会自动取两名教师评分的均值。如果分数差超出了误差阈值,则该考生的答题图片会发给第三名教师进行三评。三评结束后,计算机会自动对三名评卷教师所给的分数进行两两对比,如果某两名评卷教师所给的分数差小于事先规定的误差阈值,计算机自动求取这两位阅卷教师所给分数的平均分作为该题目的最终得分。而如果两两对比后都大于规定的误差阈值,计算机会将该考生本题目图片发送给学科评卷领导小组,或交由学科组长单独评阅,或组织评卷专家给出评分,再选择一个合理的分数作为该生该题目的最终得分。①

待主观性试题评阅完毕后,计算机会将考生的各题分数进行相加,生成考生的主观性试题总分。之后再与考生的客观性试题总分相加,自动生成考生该科目的总分。②

5. 抽查阶段

为避免在试卷扫描、合分时存在异常情况,在试卷保管室内每天都有工作人员定量检查已评定的试卷。抽查时,工作人员要将已评定试卷的电子版和纸质答卷逐题进行核对,并且对于主观题、单科试卷、所有科目试卷的合分情况进行一一核查,如果出现某一考生主、客观分数悬殊较大,或是某一科目与其他科目分数悬殊较大的情况,工作人员都会将试卷抽出检查。此外,为避免教师评卷尺度前后不一致,评卷领导小组还对阅

---

① 李建斌,付玉旺.你该了解的高考网上阅卷[J].考试与招生,2008(04):14-15.
② 同①

卷教师的评分开展抽查,会随机让某名教师对同一答卷进行重评,如果发现阅卷教师前、后评分出入较大,评卷领导小组成员将及时进行提醒。[①]

(三)阅卷评分管理要求

(1)严守纪律,确保阅卷安全。在阅卷工作中,阅卷教师需端正工作态度,严守工作纪律,加强安全保密意识,杜绝麻痹大意,切实做好阅卷期间各环节的安全保密工作。对于各种泄密、舞弊等违纪行为,一经查实,严肃追究其责任。各相关工作小组要切实履行工作职责,各司其职、团结协作,确保阅卷工作安全、顺利地完成。

(2)阅卷前要认真讨论参考答案和评分标准,做到标准统一。在试评阶段,提取的样本试卷必须有一定的分布代表性,供阅卷教师共同研究,针对考生答题特点,制定较为具体、细致的评分细则。

(3)要提高阅卷质量,试卷评阅做到准确无误、公正合理、宽严适度、标准一致,尽量减小主观误差,防止时严时松、错评漏评的现象。

(4)要做到科学阅卷,阅卷组长要掌握阅卷进度,及时解决疑难问题;抽查阅卷情况,对于阅卷水平低、质量差的人员应及时报告给上级领导。

(5)建立复查制度,随时对试卷的扫描及阅卷情况进行复核检查,确保成绩准确无误。

五、高考成绩统计分析

(一)高考成绩统计分析概述

高考经过设计、命题、施测、阅卷等环节,生成了考生的分数,但是高考工作并没有结束。经过阅卷得出的分数,叫作原始分数,也叫作卷面分数,是通过将考生的答题情况与标准答案相比较而获得的。但是原始分数本身并不具有多大意义,在实际应用中,要将原始分数经过一定的统计与分析,才能说明问题。对于高考成绩的统计与分析,也是高考工作中的重要环节。

高考成绩统计分析的统计指标众多,主要包括试卷成绩分布统计和试卷质量评价两方面,它们综合地反映了考生对知识理解掌握的情况和试卷命题的科学性和合理性。高考成绩的分布统计是指运用数理统计学的原理和方法来收集、整理、分析推断高考中的相关数据,对其进行定量分析,用以发现和表明高考过程的某些现象和规律。试题质量分析一般是对高考的信度、效度、难度、区分度进行分析,以判断此次高考的质量。只有有效且可靠的高考,其成绩才能作为评价教学质量或衡量个人学习情况的依据。[②]

[①] 李雪林.高考阅卷有300多个环节[N].文汇报,2011-06-16.
[②] 徐莉青.关于考试成绩的统计分析与评估方法[J].浙江工商职业技术学院学报,2009(02):89-92.

(二)试卷质量分析内容

1. 试卷成绩分布统计

试卷成绩分布统计主要有以下几个步骤：

(1)实考率和缺考率分析

实考率和缺考率反映了考生参加考试的比例。部分考生因各种原因未参加考试，会使得考试成绩统计分析的原始数据缺失，因此在进行考试成绩统计分析与评估前需要对缺考数据进行剔除，以提高数据统计分析的准确性。相关计算公式包括：

实考率＝实考人数/应考人数×100%

缺考率＝缺考人数/应考人数×100%

(2)成绩的初步统计

在阅卷工作结束后，会获得大量烦琐、复杂的原始数据，不能够直观、简明地看出考生的答题情况。这个时候，就要对这些数据进行初步统计，量化数据。常用的统计数据有：

①平均分。可以描述全体考生考试成绩集中趋势，从整体上反映考生的学习水平，这也是在分数统计中最简便、快捷的方法。

②最高分、最低分和全距。最高分和最低分反映学生成绩中的两极差异；全距，反映学生高考成绩的差距值。

③及格率和优秀率。及格率是统计成绩及格的考生人数占全体考生的比例，以总分的60%作为及格的评价标准。

④标准差。是反映考生分数分布离散程度的指标，也可以说是试卷的区分性。

具体样例见表5-2。

表5-2　　　　　　　　外国语水平考试成绩描述统计

外国语语种	年度	最高分	平均分	中位数	标准差	及格率(%)	样本量
英语	2001	93	47.98	49	14.05	19.1	6 504
	2002	96	52.71	54	15.85	40.3	6 504
俄语	2001	92	48.24	49	18.07	29.5	1 240
	2002	96	50.25	50	17.97	34.8	1 270
法语	2001	91	58.39	61	16.54	53.4	1 022
	2002	92	60.60	63	15.08	65.2	973

续表

外国语语种	年度	最高分	平均分	中位数	标准差	及格率(%)	样本量
德语	2001	91	45.44	44	16.78	21.3	333
	2002	95	56.52	60	16.53	53.3	322
日语	2001	95	58.61	60	16.20	32.6	2 823
	2002	94	56.06	57	16.37	43.9	2 807

(3)分段成绩统计

分段成绩统计是对考生高考成绩进行有效归集的一种统计方法,能反映出各分段成绩学生数量及所占比例,直观体现学生成绩的分布区域。以表5-3为例,将50分作为每个成绩统计区间的分数差,将各高考考生的成绩分为10个成绩统计区间,整个统计表简单、明了。通过分段成绩统计表,考生亦可了解自己的高考成绩在全省排名榜中的位置,选报高考升学志愿时获得更多资讯,合理选报志愿。

表5-3　　　　　贵州省2011年高考文史类分数段统计表

分数段	人数	分数段	人数
600分以上	71	351~400分	24 960
551~600分	894	301~350分	22 960
501~550分	5 179	251~300分	11 985
451~500分	13 590	201~250分	2 991
401~450分	20 028	200分以下	886

(4)正态分布统计

高考成绩的分布是否服从正态分布(或接近正态分布)是试卷统计分析的一项至关重要的任务,尤其是在选拔性测验中,分析高考是否符合选拔测验的目的,其重要指标就是看成绩是否符合正态分布规律。

运用正态分布统计的方法时,首先统计各分数段的人数及占总人数的比例,然后绘制直方图,连接各直方图定点,根据频数分布曲线了解考生成绩的大致分布情况。一般要求高考成绩呈现正态分布或近似正态分布如图5-2所示,若呈现正偏态分布,则说明低分人数较多,高分人数较少,试卷总体难度大或者考生掌握知识不理想。若呈现负偏态分布,则说明高分人数较多,低分人数较少,试卷总体难度小或者考生掌握知识较好。[①]

---

① 徐莉青.关于考试成绩的统计分析与评估方法[J].浙江工商职业技术学院学报,2009(02):89-92.

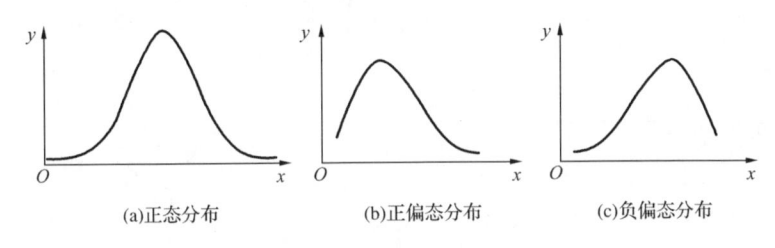

(a)正态分布　　　　(b)正偏态分布　　　　(c)负偏态分布

图 5-2　测验成绩分布特征

2. 高考试题质量分析

高考试题质量分析主要分为信度分析、效度分析、区分度分析和难度分析。

(1)信度分析

信度是指使用同一试卷对考生重复测验或两个平行试卷对考生测验时,所得测验分数的一致性和稳定性程度。试卷的信度主要从两个方面进行分析:一方面是考试成绩期望值与实际成绩平均值的差异,考试成绩期望值一般应以平时成绩的平均值为依据确定;另一方面是考试成绩的预期及格率与实际及格率的差异,考试成绩及格率的预期值同样以平时成绩的及格率为确定依据。两个方面的差异性较小,说明试卷信度较高。

(2)效度分析

效度是指考试有效性或正确性的质量指标,考试效度的高低反映了考试是否达到它的预定目的,是否考了要考的内容。效度高的试卷,能够较准确地测试出考生掌握和运用所学知识的真实情况。根据教学大纲或高考大纲进行命题,且各个单元试题分值匹配与学时数分配基本保持一致,并成正比例关系,这是保证高考效度的基础。

(3)区分度分析

区分度是指试题对不同考生的知识、能力水平的鉴别程度。如果一个题目的测试结果使水平高的考生答对(得高分),而水平较低的考生答错(得低分),它的区分能力就很强。题目的区分度反映了试题这种区分能力的高低。区分度一般为 $-1 \sim +1$,值越大,区分度越好。试题的区分度在 0.40 以上表明此题的区分度很好;在 $0.30 \sim 0.39$ 表明此题的区分度较好;在 $0.20 \sim 0.29$ 表明此题的区分度不太好,需修改;在 0.19 以下表明此题的区分度不好,应淘汰。

(4)难度分析

难度指试卷的难易程度。一般用试卷的得分率或答对率表示,所以难度事实上是容易度或通过率。难度适中、难度分布合理的试卷能客观地反映学生掌握知识的情况,其成绩分布应呈现近似正态分布,即高分和低分的人数比较少,考中等分数的人较多。①

（三）高考成绩统计分析管理要求

（1）试卷分析多采用抽样分析,抽样时要具备两个条件:一是保证样本收取的随机性;二是抽取样本的总体样本的数量要足够大。

（2）对于试卷的分析要根据实际情况进行治理分析,以保证源头数据的准确性和可靠性。

（3）试卷分析要做到科学、准确、有效,根据测试目的判断试卷信度、效度、难度和区分度是否合理有效。

（4）试卷分析不能流于形式,敷衍了事。阅卷结束后,教师及教育专家要对试卷分析给予足够的重视,找出存在的问题及今后改进的重点。

六、招生录取信访

（一）招生录取信访概述

招生录取信访是指公民、法人或其他组织采用书信、电话、来访、电子邮件等形式,向各级招生考试机构、招生单位、各级教育行政主管部门反映情况,提出意见、建议和要求,举报、控告和申诉等,依法应由有关行政机关或部门处理的活动。②

（二）招生录取信访的指导原则

招生录取信访有以下三个主要的指导原则:

1. 稳定性原则

教育招考机构要有政治意识、大局意识和责任意识,从巩固党的执政地位和维护社会稳定的高度,妥善处理高校招生信访工作中遇到的各种矛盾和问题。

2. 人本性原则

招生考试机构在处理群众信访问题时,要从关心群众、爱护群众、帮助群众出发,把群众的呼声作为第一信号,把群众的需要作为第一选择,把群众的利益作为第一考虑,把群众的满意作为第一标准,切实帮助群众解决实际困难和问题。

3. 实际性原则

招生考试机构要加强信访工作的指向性与针对性,对考生及家长反映的符合招生

---

① 徐莉青.关于考试成绩的统计分析与评估方法[J].浙江工商职业技术学院学报,2009(02):89-92.
② 王坦,赵洁.刍议高校招生"阳光工程"中的信访工作[J].当代教育科学,2014(17):54-56.

政策规定的问题,要及时、高效地解决;对考生和家长提出的不符合招生政策规定的问题,也要进行积极引导,认真、细致地做好心理疏导工作,切忌机械照搬和"一刀切"。①

(三)招生录取信访的运行机制

招生录取信访的运行机制包括完整的咨询和举报受理机制与快速反应机制。

1. 完整的咨询和举报受理机制

在高考招生领域有严格的政策、严格的秩序和严格的规定,各级招生部门、教育部门包括大学都应设立咨询与举报的电话,建立健全完整的咨询和举报受理机制。

在招生录取工作前,各级招生管理机构、各高校要分别确定信访接待人员,并公布信访接待地点和监督投诉电话,确保信访投诉渠道的畅通。根据职责分工,省级招生管理机构、各市招生机构、各县(区)招生机构要分别建立信访分级接待的工作机制。招生监察部门在履行职责过程中,要进一步增强为考生家长服务的意识,努力做到接待热情和耐心。认真研究、及时协调有关部门处理考生及家长的合理诉求,维护考生的合法权益。加强对考生信息保密力度的监督,避免考生有关信息的泄露。各级信访机构在实际工作中,要认真做到依法办信访,规范信访处理,不断完善咨询和举报受理机制。

具体要做到:

(1)在招生录取阶段,为方便考生及家长信访,应设置群众来访接待场所,开设专线电话、网上信访及传真信访,并向社会公布信访地址、接待场所及接待时间,专设电话及信访网址等。

(2)由信访工作部门和招生部门共同组织对参加群众来访接待的工作人员进行专门的业务培训。

(3)依法规范群众信访事项的登记。

(4)依法履行信访受理或不受理、查询、救济等告知职责。

(5)依法在规定的时限内及时有效办理群众信访事项,并予以书面答复。

(6)由分管领导牵头,及时研究解决涉及招生录取工作的重要信访事项。

(7)由信访部门负责按时督办群众信访事项的处理。

(8)依法维护信访秩序。

(9)依法设立对信访的投诉、监督机制,及时处理信访人对信访受理、办理的反映和意见。

2. 快速反应机制

各级招生管理机构要认真贯彻执行《国家教育考试违规处理办法》和《教育部关于

---

① 王坦,赵洁.刍议高校招生"阳光工程"中的信访工作[J].当代教育科学,2014(17):54-56.

实行高等学校招生工作责任制及责任追究办法》的有关规定,重视群众举报,认真抓好信访举报和案件查处工作。招生管理机构要积极会同各级纪检监察部门探索有效的监督管理办法,建立健全责任明晰、快速处理的反应机制。在这个反应机制里面,严格按照教育部的要求,高度重视解决群众投诉反映的问题,切实做到"有诉必应,有错必纠,有责必问,有案必查"。①

(四)招生录取信访应树立的观念

招生录取信访应树立以下观念:

1.要时刻牢记"考生利益无小事",从考生意愿中捕捉科学决策依据

要认真处理好每一封考生及家长的来信,热情接待好考生及家长的来访。

2.要抓基层、打基础,从源头上解决好招生信访问题

各级招生管理部门一定要把招生信访工作的重心下移、关口前移,不断增强基层就地化解矛盾和问题的能力。基层招生部门和单位要切实担负起责任,及时解决招生信访问题。

3.要依靠法律和政策做好高考考生及家长的信访工作

解决考生及家长的信访问题,必须坚持按法律和政策办事。对法律和政策有明确规定的,要认真加以落实;对考生及家长要求合理,但没有明确法律和政策规定的,要积极向上级及有关部门反映;对按政策不能解决的信访问题,要向信访考生及家长做好解释说服工作。同时,要依法规范考生及家长的信访行为。

4.要切实加强督查督办,积极推动信访问题的解决与落实

各招生机构和各学校要建立健全督查机制,完善督查督办制度。对信访量大、信访问题多的重点地区、学校要组织专门力量,进行具体督促和检查,要集中解决一批久拖不决而导致考生及家长多次上访的信访积案。对重要的信访案件,要重点督办,限期办结;对越级上访、重复上访和集体上访案件,要超常规督办,促使问题尽快解决。②

---

① 王坦,赵洁.刍议高校招生"阳光工程"中的信访工作[J].当代教育科学,2014(17):54-56.
② 同①.

第六章　高考技术管理

　　任何考试,都离不开它所处时代的技术支持。西周官学考核贵族对礼、乐、射、御、书、数"六艺"的掌握,必须借助乐器、弓箭、马车等工具;封建社会科举考试的出现,有赖于造纸术、印刷术的发明;现代高考的进行,离不开计算机、多媒体电子设备的技术支撑。

　　然而,在改革开放前,我国的高考从报名、评卷,到统计、登录分数,完全靠手工操作,不仅效率低,劳动强度大,更主要的是误差大,不能保证高考的质量。改革开放后,随着国外一些考试在中国举行,如托福(TOEFL)、雅思(IELTS)等,不仅将新的考试方式传入了中国,还有一些基于新型技术研发的考试系统也陆续传入了中国。最早传入的是电脑和光标阅读器(OMR)系统,条形码、IC卡、摄像监控系统紧随其后。随着计算机网络技术的发展,又出现了基于计算机、网络的考试系统,这是高考技术史上的又一次革命。计算机、光电阅卷机、考场电子自动监视系统等的出现,使报名、登分不用纸,评阅试卷不用笔,考场监考不用人已不再是梦想。高考技术管理翻开了新篇章。

第一节　高考技术概述

　　在当代科学技术中,应用于高考管理并推动高考管理自动化的科学技术主要有微电子技术、计算机技术、网络技术、无线电技术、通信技术、多媒体技术等。

一、微电子技术

　　电子技术是研究电子器件、电子电路及其应用的技术,通俗上讲,凡是与电子的激发和运动、电子器件、电子电路、电磁波、电信息的处理等有关的技术,都可以称为电子技术,电子技术的研究范围正随着它本身的发展而日益扩大。

　　电子技术的应用非常广泛,在人们的生产生活中,电子技术无处不在。人们接触最多的电子技术有通信、广播、电视、雷达、导航、电子计算机、自动检测、自动控制、遥感、激光、红外应用、粒子加速器等。许多工业产品干脆就直接以"电子"来命名,例如电子显微镜、电子琴、电子秤、电子手表等。毫不夸张地说,现代都市人几乎生活在电子世界里。无论是城市还是农村,无论是工厂还是医院,无论是机关还是部队,更不用说学校和科研单位,大都能见到各式各样的电子设备或电子仪器。

微电子技术是电子技术的一个主要分支。所谓微电子技术,就是使各种电子元件和电子设备不断实现微型化的技术。微电子技术主要包括微小型电子元器件和电路的研制、生产以及用它们实现电子系统功能的技术领域。在这个领域中最主要的就是集成电路技术。微电子技术是随着集成电路技术,特别是大规模集成电路技术的发展而发展起来的一门新兴技术。①

微电子技术和传统的电子技术的差别在于,微电子技术不仅使电子设备和系统的微型化成为可能,更重要的是它引发了电子设备和系统的设计、工艺、封装等的巨大变革。所有的传统元器件,如晶体管、电阻、导线等,都将在硅基片内以整体的形式互相连接,设计的出发点不再是单个元器件,而是整个系统或设备。②

微电子技术的发展、集成电路的出现对生产、生活产生的影响是深远的。目前,作为现代信息技术的核心,微电子技术是一种既代表国家现代化水平又与人民生活息息相关的高新技术,已经渗透到诸如现代通信、计算机技术、医疗卫生、环境工程、能源、交通、自动化生产等方面。③

二、计算机技术

计算机是微电子技术最主要的应用领域。计算机的更新换代即以所用电子器件为标志,第一代用电子管,第二代用晶体管,第三代用集成电路,目前的第四代用大规模和超大规模集成电路。计算机加工和处理的信息既有数值型的,又有文字与图像型的,通常可完成科学计算、事务管理、文字处理、图像处理及自动控制等多种功能。

当前计算机发展的主潮流在于精简指令系统,并行处理和多媒体技术,相应发展软件和网络。精简指令系统和并行处理都是用以提高计算机运算速度的手段。多媒体技术是拓宽计算机应用领域的新兴技术,它把计算机、家用电器和通信设备组成一个整体,由计算机统一控制和管理,所采用的动态图像和场景为教学、通信、交通和经济事务往来提供全新途径。计算机系统网络使地理上分散的多台独立的计算机经通信线路连接,达到通信和计算机硬件资源共享的目的。

一个完整的计算机系统应该是由人(使用者)、计算机硬件系统和软件系统三大部分共同组成的。软件是人与硬件之间的沟通者。

---

① 薛囩.当代技术发展的重要前沿(之一)微电子与计算机技术[J].上海消防,1995(07):36-38.
② 同①.
③ 同①.

硬件包括主机(内有中央处理器 CPU、内存 RAM 和 ROM)、外部设备(显示器、键盘、磁盘、打印机等),并由接口连接。软件是指用特定语言写成指挥计算机硬件系统工作的程序集合,包括程序及执行程序所使用的数据和文档。其中系统程序(系统软件)是指对计算机系统进行调度管理、监视和服务的程序软件,包括标准程序库(如计算机程序及子程序)、服务性程序(如诊断程序、安装程序)、语言处理程序(如汉字处理系统)、操作系统(如 Windows)、数据库管理系统和网络软件;应用程序(应用软件)是指针对具体业务而开发的程序,主要有数据处理、文字处理、过程控制、事务管理、工程设计及游戏等方面的程序。光盘和光驱的出现,使计算机有了综合处理文本、图形、图像、声音、视像的多媒体(Multi-media)技术。微软公司开发的 Windows 操作系统及其 SolidWarks 和 Office 软件包,有多窗口操作、多重工作表格功能和下拉式菜单,是目前最流行的办公自动化软件。我国也有开发各种管理服务的应用软件产品,如 WPS 等。

在信息社会的今天,电子计算机已经在很大程度上替代了人脑的劳动,应用范围遍及社会生活的各个领域。随着科学技术的高速发展,计算机的更新换代异常迅猛,出现了以精简指令系统、并行处理、多媒体技术为主,软件和网络相应发展的新的计算机技术发展潮流。

三、网络技术

网络技术是现代计算机技术与通信技术相结合的产物,主要采取一定的通信协议,将分布在不同地点的多个独立计算机系统通过通信线路连接在一起,从而实现数据和服务的共享。

计算机网络始于 20 世纪 50 年代,之后随着计算机技术、通信技术、微电子技术的快速发展及相互之间的融合,促使计算机网络技术的快速发展和应用领域的迅速拓宽。尤其是进入 20 世纪 90 年代后,以互联网为代表的计算机网络几乎延伸到全球的每一个角落,其应用也从早期的教育、研究、政府等领域扩展到商业、娱乐和个人应用领域。21 世纪被称为以网络为核心的信息时代,网络化、数字化和信息化成为时代特征,电信网络、有线电视网络和计算机网络走向融合即"三网融合"成为网络发展的必然选择,计算机网络将成为"三网融合"后的主体,并发挥更加重要的作用。

网络技术业已成为当代社会的信息高速公路,特别是互联网(Internet)的出现和发展,更是把通信联络带到一个崭新的世界。3W(World、Wide、Web)数据库和 Web 浏览器能迅速而且方便地收发处理多种信息,产生了电子商务、电子政务等,甚至可以利用编程的信息来远程控制某些生产过程和实施手术。

网络技术把互联网上分散的资源融为有机整体,实现资源的全面共享和有机协作,使人们能够透明地使用资源的整体能力并按需获取信息。资源包括高性能计算机、存储资源、数据资源、信息资源、知识资源、专家资源、大型数据库、网络、传感器等。网络技术具有很大的应用潜力,能同时调动数百万台计算机完成某一个计算任务,能聚集数千名科学家共同完成同一项科学试验,还可以让身处异地的人们在虚拟环境中实现面对面交流。①

四、无线电技术

无线电技术是指研究、利用电磁波来传送各种信号的技术,主要包括:电路和网络理论;信号分析;电磁波发射、传播和接收;电振荡产生、调节和放大;电子器件、无线电元件、设备的原理和应用;等等。具体而言,无线电技术研究是指利用电磁波传送声音、文字、图像或其他信息的技术。

1840年,美国人亨利发现了高频振荡。与此同时,莫尔斯在华盛顿演示了电报。1873年,英国科学家麦克斯韦把亨利和莫尔斯的理论相结合,阐明了离开导线能量的传播理论。1888年,赫兹让快速交变的电流流过一根导线,产生了赫兹波,由此验证了麦克斯韦理论。1895年,马可尼利用电线和地面装置进行实验;1898年,他使用功率强大的发送器在怀特岛上发出了第一封收费的无线电报。19世纪,无线电首先实际应用于船舶与海岸电台之间的通信,很快又应用于越洋通信和两个相隔遥远的固定点之间的通信,此后无线电的应用越来越广泛。目前这一技术已得到普遍应用,诸如公共安全、工业、陆上运输、广播、军事与空间、固定的点对点通信、中继、遥测、天气预报以及无线电波其他各种应用理论和技术,如无线电探测、无线电导航、无线电自动控制等理论与技术。

五、通信技术

通信是指信息经过发送、转换和接收,从一个系统传递到另一个系统的过程。通信技术是指在通信过程中,对信息进行存储、转换和传递的技术。通信技术是信息技术的一个重要方面。一百多年来,通信经过了多次跨越式的发展,从电报到电话,从电话到传真,从传真到现在的数据通信,技术越来越先进,通信越来越便捷、迅速。当前的通信主要可以分为无线通信和有线通信两大类。电话、电缆通信、光纤通信等属于有线通信,卫星通信则属于无线通信。

(一)微波通信

微波的发展与无线通信的发展是分不开的。无线通信初期,人们使用长波及中波来通信。20世纪初,人们偶尔发现短波通信更适合长距离的通信,于是对短波通信技

---

① 周留征,刘江宁.基于网络的企业员工信息沟通体系研究[J].齐鲁珠坛,2009(03):32-34.

术进行大规模的开发和使用。所谓电波,就是一种电磁波。传播频率高于300 MHz的电磁波称为微波。电磁波的传播的速度等于光速,所以用电波来通信非常快速、便捷。

微波通信是20世纪50年代后的产物。其由于通信容量大、投资费用省(约占电缆投资的1/5)、建设速度快、抗灾能力强等优点而得到迅速的发展。20世纪40年代到50年代产生了传输带较宽、性能较稳定的微波通信,使长距离、大容量地面干线无线传输成为可能,也可同时传输高质量的彩色电视信号。20世纪80年代中期以来,随着频率选择性色散衰落对数字微波传输中断影响的发现,以及一系列自适应衰落对抗技术与高状态调制与检测技术的发展,数字微波传输产生了一个革命性的变化。特别应该指出的是,20世纪80年代和90年代发展起来的一整套高速多状态的自适应编码调制解调技术与信号处理及信号检测技术的迅速发展,对现今的卫星通信、移动通信、全数字HDTV传输、通用高速有线/无线的接入,乃至高质量的磁性记录等诸多领域的信号设计和信号的处理应用,起到了重要的作用。[1]

(二)卫星通信

1945年,英国科学家克拉克提出,只要有三颗对地球同步的卫星,其通信则可覆盖全球的设想。1957年10月4日,苏联成功发射了世界上第一颗人造地球卫星,实现了对地球的通信,这是人类在卫星通信史,乃至通信史上迈出的极其重要的一步。1965年4月6日,国际卫星通信组织发射了国际通信卫星-Ⅰ(又称"晨鸟"),这是世界上第一颗实用型商用通信卫星,开创了卫星商用通信时代。

(三)移动通信

20世纪移动通信的发展至今大约经历了五个阶段:第一阶段为20世纪20年代至50年代末,主要用于船舰及军用,采用短波频段及电子管技术;第二阶段为50至60年代,此时频段扩展到450 MHz,并解决了移动电话与公用电话的接续问题;第三阶段为70年代至80年代,此时频段已经扩展到800 MHz;第四阶段为80年代至90年代中期,第二代数字移动通信兴起并且大规模的发展,及其向个人通信技术的发展,频段扩至900~1 800 MHz,而且除了公众移动电话系统以外,无线寻呼系统、无绳电话系统、集群系统等各类移动通信手段适应用户与市场需求同时兴起;第五阶段为90年代中期到现在,随着数据通信与多媒体业务需求的发展,适应移动数据、移动计算机及移动多媒体的第三代移动通信开始兴起。[2]

(四)光纤通信

20世纪50年代,科学家发明的激光器及其相关技术开始迅速发展。20世纪70年

---

[1] 白杉.微波通信的回顾与展望[J].电力系统通信,2002(06):25-28.
[2] 陈世勇.微波在线密度检测技术的研究及应用[D].重庆大学,2002.

代,科学家在低损耗光纤技术领域取得了较大突破。这两项技术,使光纤通信从理想走向了现实。1977年,世界上第一条光纤通信系统在美国芝加哥市投入使用,主要用于商用。

光纤优点非常明显,如重量轻、成本低、体积小、寿命长、损耗低,故其成本非常低。同时,光纤还具有传递距离长、保密性好、通信容量大等优点。因此,各国都在努力发展光纤通信业务,光纤通信得到了迅速发展。光纤通信广泛地应用于电话中继和长途通信干线,是当前通信的最主要的手段。

六、多媒体技术

在计算机领域中,多媒体是指文(Text)、图(Image)、声(Audio)、像(Video)等这些单媒体和计算机程序融合在一起形成的信息传播媒体。多媒体技术指计算机处理文字、图像、视频和声音等信息的一种新技术。能够产生、存储、传播多媒体信息的系统称为多媒体系统。

随着技术的改进、标准化的推广、成本的降低和应用软件的增加,多媒体技术的应用领域将不断拓宽。除了将家用电器的功能融为一体广泛用于家庭外,还可用于商场导购、饭店咨询、旅游指南、产品演示、印刷出版、检测、教育培训、电脑游戏、电影特技制作、虚拟现实等。多媒体通信技术可以进行文本、话音、图像和视频的传输,可供开展可视电话、远程会议、远程医疗、远程教育、影视点播等业务。多媒体计算机良好的人机界面使更多的人乐于使用计算机,通过计算机网络,可使人们得到多媒体制作的内容、广泛的信息资源。因而,多媒体技术必将对传统的计算机网络产生新的影响,注入新的活力。

以上只将一些主要技术进行了罗列,除了上述介绍的一些技术外,还有其他的技术也在高考管理中得到应用,如一些生物技术等,这里不做详细介绍。

第二节 高考管理系统

在现代高考管理中,高考管理的手段随着科学技术的不断更新呈现出多样化、现代化趋势。当今时代,在高考管理的各个环节、各个方面,都有现代科学技术的身影。如为实现标准化命题开发的网上组卷系统、网上题库系统,为防止舞弊而开发的电子监控系统,为加快阅卷效率和速度开发的电子阅卷系统,等等。这些配套的系统推动了现代高考管理的标准化、信息化、自动化,大大提升了高考管理的质量和效率。

高考管理系统由试题库管理、试卷生成、机器阅卷、网上阅卷、考务管理、考场管理、高考业务网站构成。

第六章　高考技术管理

一、试题库管理系统

(一)试题库概述

试题库是指遵循一定的教育测量理论、利用精确的数学模型、在计算机系统中实现某个学科的、具有必要参数的、一定数量的优质题目集合。试题库是高考系统的重要组成部分。通过媒体、文字等形式录入形成的试题库,一般包括选择题、填空题、判断题、问答题、实际操作等多种题型,增强了组卷的灵活性。另外,为发挥计算机多媒体的优势,也可以应用多种媒体形式,如图片、声音、视频等,使题目风格多样化,增强试题的现场感及真实感。[1]

试题库中的题目可以根据使用者意图,按照预定的试卷生成策略确定。试题库通常有以下优点:

(1)可以比较方便地对考生进行测验。
(2)命题者可以根据一定的试卷生成策略,生成一份高质量的试卷。
(3)学生可以使用试题库进行自我测试和训练。
(3)可以共享试题资源,降低开发和使用成本。
(4)可以方便地对试题进行扩充和修改。[2]

建立标准化试题库是一个复杂的系统工程,首先要建立系统的数学模型,然后确定试题的属性指标以及试题的组成结构,再组织大量的学科专家编写试题。为了保证这些试题的科学性和有效性,还要组织大量的测试样本进行抽样测试,以校正试题的参数。一个相对完整的、基于经典测量理论的标准化试题库,需要一定数量的试题。编导和测试这些试题的工作较为繁重,一般的科研团体或者个人无法承担。目前,我国陆续建立了一系列实用的试题库系统,如高等教育基础学科系列试题库、劳动部职业技能鉴定试题库、国家医学水平高考试题库、基础教育系列试题库等。这些系统,有的由国家机关控制,有的作为商品出售,产生了巨大的经济和社会效益。但随着这些系统的运行,也出现了很多的问题,比较突出的有两个方面。一方面是题库封闭运行,缺乏开放性。由于题库是一个精密的测量工具,其维护、管理、更新、数据统计与分析都是由专业人员来把控的。因此基本上大都由某一重要的大机关封闭运行,其他普通的中小单位无法支付庞大的购买和维护费用,很难有机会使用。这样,国家投入大量资金建立的权威性试题库,只局限于某些权威单位使用,不能得到广泛的普及,无法真正在教学过程中发挥其应有的作用。另外,试题库的封闭运行使其无法得到广泛的使用和参与,造成

---

[1] 陈世勇.微波在线密度检测技术的研究及应用[D].重庆大学,2002.
[2] 戴银飞.远程教育系统中考试平台的设计与实现[D].吉林大学,2005.

试题库的修订和校正缺乏必要的数据基础,使得提高整个试题库数据质量较为困难。另一方面是容易重视组卷功能,轻视教育测量功能。试题库作为一个教育测量工具,不光具有试题管理和组卷的功能,它更重要的功能是收集测试数据,并对这些测试数据进行统计与分析,发现试题库中所存在的问题、教师教学过程中的问题以及学生学习过程中的问题。这些问题都隐藏在高考分数的后面,试题库系统应该通过分析高考数据,提供给教师更多的教学过程信息。①

（二）试题库设计

作为一个完整的应用,试题库至少应该包括两方面的内容:试题和试题使用情况。在设计方式上,试题应该作为规范化关系数据库设计,因为它只涉及试题存储方面的内容;而试题使用情况则应该采用数据仓库的模式来实现,因为它不仅要收集数据,还要分析数据,过滤数据,确认数据结构,寻找数据趋势等。②

1. 试题库的规范化

试题库作为一个关系数据库,在设计上要符合数据规范化要求。未经规范化的数据库存在许多不足,如较大的数据冗余量,数据一致性差,数据修改复杂,对表进行插入删除时可能会产生异常等。1971年,IBM公司的研究员埃德加·弗兰克·科德博士首先提出了关系数据库的规范化理论,奠定了关系模型的理论基础。此理论不断深化、完善。规范化的作用就在于尽量去除冗余,使数据保持一致,使数据修改简单。规范化后的表可以保持较小的体积。小的表意味着每个数据页中可以包含更多的记录,这样用户就可在同样的时间内获得更多的查询结果,减轻网络的负担,提高查询效率,获得一个功能良好的数据库。

规范数据库的规则称为范式(Normal Formula),目前有6～7种,但高级范式一般只用于科学研究,大多数业务数据库中只考虑前三种范式。每种范式自动包含上一级范式的功能,因此第三范式的数据库绝对符合第一范式和第二范式。在开始设计数据库之时,可能要对数据库采用各种范式的规则进行处理,不断使数据库规范化。随着细化的深入,用户会更多地把数据置于第三范式,可能只要检查最后的数据库结构,就可以保证没有引入任何不一致性。

（1）第一范式

第一范式的表中不包含重复的列。表格中每个字段只包含一种数据类型,每个数据存放在一个位置,这个要求也称为原子数据(Atomic Data)要求。不良数据库设计中违反第一范式的情况通常有以下两种:

---

① 戴银飞.远程教育系统中考试平台的设计与实现[D].吉林大学,2005.
② 同①.

一是相关数据堆在一个字段中。例如，在一个 Address（地址）字段中包含邮政编码、国家、省（市）、城市、街道地址等信息。这种情况下，第一范式要求把这个字段分成至少五个字段：Address（街道地址）、City（城市）、Province（省/市）、Country/Region（国家/地区）、Zip Code（邮政编码）。

二是字段重复。例如，用户可能定义一个试题表，其中含有试题题干、答案1、答案2、答案3、答案4字段，这种结构的表处理问题不够灵活、浪费空间。如果某试题为判断对错，只有2个答案，那么剩余的空列都要浪费；如果选择题有5个答案，那么需要生成多余的列，因为没有位置存放第5个答案。要暂时解决这个问题，可以在表中重新输入一行，其后果是浪费了更多的字段。在实际应用中，可以将所有的答案放入一个字段中，或者另外建立一个专门用于存储答案的表。

数据库是否采用第一范式需要做一定的判断，不仅要考虑数据的分布，还要考虑具体业务情况。例如人名，如果只用姓名作为学生标识，在班级或者学校范围内，重复很少，在这种情况下查询，使用该字段就足够了。但是在全省或者全国范围内，显然不能用该字段来识别一个学生的身份。这里的业务要求限定一个姓名字段不是原子字段，而在其他情况下，如存放学校名称时，学校校名字段就可以作为原子字段。

（2）第二范式

一个表归于第一范式并只包含依赖于主键的列，即表格只包含一个唯一的实体数据。在操作数据库时，可以检查所有非键字段是否只依赖于主键，而不依赖于表中其他字段。不满足第二范式会产生挤入异常、删除异常、修改复杂。

（3）第三范式

一个表归于第二范式且只包含那些非传递性地依赖于主键的列。所有非键字段应相互独立，即任何字段的数值改变不应影响其他字段。违反第三范式的最明显例子是计算字段。如果设计的表中包括试卷总分、试题分数和试题个数字段（其中试卷总分是试题分数与试题个数之积），就会违反第三范式。因为只知道记录的试题分数与试题个数，就可以求出试卷总分。如果存放试卷总分，那么每次改变其中一个字段时，还得改变其他字段。第三范式还可以检查有些表是否要分成多个表，如果在考生信息表中存放一些考生相关的信息，就可以将经常变化的数据放入一个表中，而将其他一些不经常变化的数据放入另一个表中，两个表通过主键来关联，以此来提高操作效率。

概括来说，就是一个符合第三范式的关系必须具有以下三个条件：一是每个属性的值唯一，不具有多义性；二是每个非主属性必须完全依赖于整个主键，而非主键的一部分；三是每个非主属性不能依赖于其他关系中的属性。

在第三范式中，已经去除了非主属性对主键的部分函数依赖和传递函数依赖。一般情况下，满足第三范式的关系模式已经可以消除冗余和各种异常现象，获得较满意的效果。①

2.试题表字段设计

由于不同的试题库适用于不同的行业和高考对象,所以很难有一个共同的结构定义。但一般情况下,一个试题库中应该包含以下属性:试题编号、高考科目、试题题型、考查内容、难度系数、高考对象、试题、标准答案、操作说明、预计答题时间、使用次数、上次使用时间、附加参数、试题媒体信息、答案媒体信息、命题人、命题日期等。②

(1)试题编号。试题的唯一标识,通过该编号可以定位该试题,该编号在试题管理和试卷生成中具有重要的意义。在 SQL Server 2000 数据库中,可以将该字段设为 int 或者 bigint 类型,同时将该字段设置为"不允许空"。

(2)高考科目。该试题的高考科目通常是专业名称。对于一些专用试题库,可以省略该字段。而对于通用试题库,则需要该字段来限定试题的应用范围。

(3)试题题型。可以是选择、判断、填空、问答或者操作等,该字段反映了一个题库所能提供的试题种类和支持的高考类型,也是自动组卷和学生自我训练的重要参数。

(4)考查内容。该试题在本学科所属的知识点,是命题者用来确定高考范围的重要依据之一。该字段在试题录入的初期,可能会有一些歧义,随着试题内容的增多,可以用数据挖掘技术中的聚类算法加以分析和统计,将相似内容合并,并且整理出详细的知识点分类,供以后的试题录入者使用。

(5)难度系数。题目的难度是衡量题目难易水平的数量指标,通常以题目的答错比率来表示,答对的人数越多,题目就越容易,难度就越低。另外一种确定难度系数的方法是基于权值的统计,首先求出每个参加测试的人员的正确率。如果连正确率很高的考生都答错了该试题,就说明该试题确实很难;如果是一个正确率很低的考生答对了该题,那么并不能说明该试题很容易。所以,在计算难度系数的时候,用每个考生的正确率作为计算数据的权值加以考虑。以上两种方法,各有利弊,但不管采用哪种方法,在测试样本足够多的情况下,都可以比较真实地反映一道试题的难度。在经过一段时间的测试后,需要对试题库中的所有试题难度系数做归一化处理。③

(6)高考对象。说明该试题适用的考生。

(7)预计答题时间。该字段的数值比较难确定,一种方法是由多个出题者或者资深的教学工作者评估,然后取平均值;另外一种是利用单独的试题测试程序,让多个考生作为测试样本答题,记录每个考生的答题时间,然后利用一定的均值算法来计算该值。

---

① 戴银飞.远程教育系统中考试平台的设计与实现[D].吉林大学,2005.
② 王宇.MS SQL Server 数据库的组织与规范化[J].南通工学院学报(自然科学版),2003(02):57-61.
③ 同①.

(8)使用次数。说明该试题在考试或者练习中出现的频率,可以作为自动组卷或者自我练习时的一个重要参数。

(9)上次使用时间。记录试题上次使用的时间,在抽取题目组成试卷的时候,可以控制该试题是否出现。如果题目在规定的日期范围之后被使用过,本次就不再使用。

(10)附加参数。在该字段中可以记录用于格式化输出试题方面的一些参数,诸如填空题含有几个空、选择题中一共有几个选项等。

(11)试题媒体信息。如果试题中含有媒体信息,那么可以用该字段来描述,包括媒体的类型、数量等,供试卷调阅程序使用。通常情况下,将试题中的媒体内容单独存放,与试题的关联通过试题编号来实现。媒体内容是放在数据库中还是文件系统下,则由具体的开发系统决定。[1]

(三)试题库管理系统应用

该系统在录入试题的基础上,还应该能够对试题进行编辑管理,主要包括试题及试题参数的修改、删除、增加。如果试题中含有多媒体信息,那么还需要对这些媒体信息进行编辑、增加、删除、导出、导入等。除了这些基本的编辑功能以外,试题库管理系统的最主要任务是分析修正试题参数和统计题库的状态信息。

试题库管理系统应该允许多人同时登录到试题库,并且对试题进行审查修改。需要解决的问题是同一试题多人同时修改引起的数据库共享冲突。

当多个用户同时访问一个数据记录时就会产生并发问题,关系数据库采用的解决办法是锁定技术,总体上分为共享锁定和排他锁定两种类型。共享锁定是指同时和几个进程共享一个锁定,而这几个用户仅仅是读取操作;排他锁定一般应用于对修改或更新数据。即用户在修改一个数据之前设置锁定,在一定的时间里其他用户是不能访问到该数据的,只有等待锁定解除(Unlock)才能访问,以此来保证数据的一致性。在计算机处理的时候,其他用户一般感觉不到这个等待时间。

试题库管理系统最好利用程序设计实现按字段锁定参数技术,允许多人对同一试题的不同参数(字段)"同时"修改。当对同一参数(字段)进行修改时,试题库管理系统将提示用户稍候,当参数可用时,及时取出试题库中的最新内容。[2]

二、试卷生成系统

当前远程教育和网络教育的发展,要求在高考内容和高考要求相同的情况下,快速生成全面的、科学性高的试卷。

---

[1] 戴银飞.远程教育系统中考试平台的设计与实现[D].吉林大学,2005.
[2] 戴银飞.远程教育系统中考试平台的设计与实现[D].吉林大学,2005.

通常生成的试卷会有以下两种：

一是在短时间内，根据设定参数从试题库中得出大量内容不同的、具有相同难度系数的试卷。每名考生应用不同的试卷，但是高考结果具有可比性。在这种模式下，对试题库的质量要求较高，每道试题要求具有公正、客观的难度系数，在实际操作中会有一定的难度。

二是传统的试卷应用方式，所有的考生应用一份试卷或者 A,B 卷，试卷的题目相同。在这种情况下，通常为了更全面地考查考生，在试卷中会应用大量的试题来达到一个比较宽的覆盖面。这种方式实现起来比较容易，在实际中经常采用。试卷生成系统是网络高考系统的一个重要组成部分，它提供了对考核中所有试卷的管理功能。各专业出卷人员可以通过试卷管理系统自动出卷、手工选题、修改试卷试题内容及部分参数、预览试卷，最终形成一份高质量的理论考核试卷，供考生使用。[①]

试卷生成系统通常应满足以下要求：

（一）自动组卷技术要求

自动组卷是根据预先制定的组卷策略，生成符合用户要求和一定约束条件的试卷模型，然后再根据试卷模型选取试题组成试卷。组卷过程是在难度系数、试题覆盖面、题型比例等约束全部满足或者最大可能满足的情况下，由计算机根据一定的随机采样算法提取试题，生成试卷。试卷系统中的自动组卷功能通常需要达到以下要求：

(1)指定学科试卷的题型、各题型出题数量和分数，随机选题。

(2)在上一策略的基础上，指定试卷的难度系数、考查内容，随机选题。在选题过程中，利用自动筛选算法，避免相同或者相似题目在同一份试卷中重复出现。在大规模出卷中，不可能利用人为因素加以干预，所以需要提高题库质量。在出卷数量不是很多的情况下，可以指定一个试卷的最终审定者，对试卷进行最终审核。

对于一些客观性试题较多的试卷，尤其是多个考生应用同一份试卷的情况下，为了最大限度地保障高考的公正、公平，防止考生作弊，通常采用以下两种技术手段：

①试题的随机抖动处理，将试卷中的试题按随机顺序排列，尽管试卷内容相同，但是显示的方式不同，防止考生之间的相互作弊。

试题答案的随机抖动处理，将选择题的答案选项重新排序。换句话说，两个考生同一道试题的答案排列顺序是不同的。但这种方法不适用于下列类型的选择题：

例题：根据网络覆盖的范围，对计算机网络分类正确的是：

A. 广域网　　B. 局域网　　C. 虚拟局域网　　D. A,C 选项正确

这种类型的试题，在重新打乱顺序后，会产生歧义。

---

① 戴银飞. 远程教育系统中考试平台的设计与实现[D]. 吉林大学，2005.

②除了生成试卷以外,该系统还需要根据试卷的结构生成存储考生答案的答案表。由于每份试卷的内容和格式不同,所以答案表也要根据试卷的不同而相应变化。实现这部分的功能模块要注意两点:

- 修改试卷内容时,包括增加、删除试题,修改试题的题型(诸如将选择题改为填空题),都要相应地修改答案表的对应字段和类型。
- 当试卷中的试题数量较多时,需要答案表增加较多的字段。这时在设计上要考虑数据库中表空间的最大容量问题,即每个表最多可以容纳多少个字段。以 SQL Server 2000 为例,在一个数据表中最多可以容纳 1 024 列,每行的字段大小之和最多为 8 060 字节。

(二)数据结构设计

由于试卷面向的对象不同,所以形式也有所区别。在试卷索引表中存储试卷的一些相关信息,比较重要的两个参数是试卷 ID 和试卷名称。

通过试卷 ID 可以定位到试卷内容。在该系统中,每份试卷是一个数据表,每道试题是表中的一条记录,试卷表的命名规则为 Paper 加上试卷 ID。换句话说,取出试卷 ID 字段中的数值,在该数值前面加上字符串 Paper 形成的新字符串就是该试卷表的表名称。试卷 ID 是用来操作试卷内容的重要变量,可以用来编辑试卷内容。

试卷名称是标识试卷身份的另外一个重要参数,要求在试卷索引表中不能有名称相同的两份试卷,该字段也可以作为试卷的标题,显示在试卷页面上。之所以引入该参数,是因为如果删除一份试卷后,要以原来的名称重新生成一份试卷,可以通过该字段来查找原来试卷的 ID 号码。

将试卷中的所有试题放入试卷数据表中有以下优点:

(1)在高考时,可以避免大量考生同时访问一个试题库数据表造成的数据拥塞。不同试卷的考生可以分别访问不同的数据表。

(2)试卷数据表的规模远远小于试题库数据表的规模,而且在访问时不需要根据条件进行查询,所以大大提高了访问速度。

(3)如果试题库中的试题具有一定的普遍性,而在该次高考中,要求试卷中的试题具有一定的针对性,换句话说,该次高考要求对试题库中的试题进行额外的修改,但这个修改仅仅应用于本次高考,那么利用试卷数据表完全可以实现这一目的,而且不会影响到试题库。

如果试题中的图片数据较多,或者某一份试卷中的图片数据较多,那么为了提高访问速度,可以为该份试卷生成一个图片数据表,在该表中存储该份试卷中出现的图片。如果对本次高考的试题图片有特殊要求,那么也可以重新导入新的图片数据或者对原有的图片信息进行编辑而不会影响原有的试题库。

(三) 组卷算法

自动组卷需要根据组卷人指定的一系列参数,按照一定的策略算法从数据库中随机抽取试题。可以设置的组卷参数包括试卷名称、高考时长、难度系数、考查内容等,然后根据一定的算法从试题库中选题。事实上,不同的试题库可能对应不同的组卷方式,但算法具有一定的通用性。

首先,根据输入约束条件,并且将其转换为组卷策略。

然后,按照一定的规则对选择的试题集进行排序。进行排序主要是为了在抽取试题时,能获得一个较好的试题分布空间。现在假设以试题的使用次数作为试题的区分度来对试题进行排序,规则是从小到大。假设在该次试题抽取中,试题的抽取数量是20,那么将试题记录集分为20个区间,在每个区间内利用随机算法任意抽取1道题,最后将抽取到的试题输入试卷表中。

在这个算法之中,区间的划分仅是平均划分,事实上,还可以利用正态分布等其他的算法来划分区间。

利用该算法,为每种题型抽取试题。最后,根据输入的试卷分数分布情况,计算每道试题的分数。同时,修改试题库中试题的一些相关属性,诸如试题使用次数、试题使用时间等。将试卷信息输入试卷索引表中,完成组卷操作。

由于每份试卷不一定采取百分制,所以需要为每种题型指定分数,可以为每种题型分别制定不同的出题策略,在生成整份试卷的完整出题策略后,出题者还可以手动对参数进行修改和调整。

(四) 试卷生成过程

试卷生成系统具有对试卷的编辑、预览、命名、更名、审核等功能,可采取身份认证、多人协作出卷、试卷合并、随机选卷、试卷预览等工作方式。

1. 身份认证

出题者必须经过身份认证以后,才能进入系统生成试卷,同时,只能查看自己拟定的试卷,在试卷未经审定以前可以进行修改。只有在系统管理员分配了其他试卷的修改权限以后,才能编辑修改其他的试卷。

2. 多人协作出卷

多名出卷人共同协作出一份随机试卷。例如:出卷人甲、乙、丙分别出卷,待各出卷人完成工作后,再从这3份试卷的试题中随机生成1份试卷。在重新出试卷时,需要过滤相同的试题。

3. 试卷合并

将多名出卷人所出的试卷合并为一份试卷。例如:出卷人甲负责出20分的填空题,出卷人乙负责出 20 分的选择题等。待各出卷人完成工作并经过审核后,将所有的子试卷合并为一份总试卷。

4. 随机选卷

多名出卷人同时出卷,然后对所有的试卷进行审核。在高考进行时,随机地选择其中的一份作为高考使用。

5. 试卷预览

对于理论性的高考试卷,可以通过 IE 浏览器 ＋ IIS Web Server ＋ 数据库的方式从试卷库中调阅试卷,同时可以在试卷上显示试题的题目、答案、分数、高考时间等其他一些信息。试卷的调阅需要开发额外的 ASP 程序,在程序设计时,要特别注意控制试卷调阅权限等安全问题。[①]

三、机器阅卷系统

机器阅卷指的是将高考的客观性试题答在特制的答卷——信息卡上,然后使用计算机和光电阅读设备对答卷信息进行处理的过程。

(一)机器评阅试卷的优点

近十几年高考实践表明,采用机器评阅试卷具有以下优点:

1. 阅卷结果准确

人工评阅试卷由于受人的学识水平、阅历、精力、情绪、环境等诸多主、客观因素的影响,评阅试卷难免会出现一些误差。使用计算机评阅试卷,不受这些因素的影响。计算机能"客观、公正、准确"地评阅试卷,使高考评卷的误差率大大降低。如果考生填涂答题卡的方法合乎要求,计算机阅卷的准确率可达 100%。

2. 阅卷公正合理

计算机阅卷参加人员少,阅卷软件、阅卷过程一经确定就不可更改,答案唯一客观,人为干预的可能性小。机器没有感情和主观倾向,不会偏袒任何人,因而计算机阅卷更加公正、合理。

3. 节省大量人力、物力、财力

计算机阅卷与人工评阅试卷相比可以节省大量的人力。虽然首次使用硬件投入较多,但设备的投入可以多次使用,经济上仍是节约的。

4. 提供可靠的反馈信息

评价高考质量所需的原始数据在阅卷时即输入计算机,只要采用科学的计算方法,

---

① 戴银飞.远程教育系统中考试平台的设计与实现[D].吉林大学,2005.

就可得到一系列的统计表,从而准确评价高考质量,为教育提供可靠的反馈信息。

(二)信息卡技术要求

采用机器阅卷的优越性决定了计算机和光学符号阅读器为主要设备组成的计算机阅卷系统在标准化高考中成为具有决定意义的环节。机器阅卷的技术规程对信息卡的设计、印制和信息卡的填涂有一定的要求,阅卷的硬件设备则是机器阅卷的基础。

1. 信息卡的设计

信息卡的质量关系到光学符号阅读器的应用效果。因此,要把好信息卡的设计、印刷关。目前,已经开始采用专用信息卡版样设计软件进行设计。在设计中应注意以下问题:

(1)正确选择打印参数,包括行标符和黑块的大小,不要使行与行之间的距离太小,更不要将填涂区设计得太大。

(2)将信息卡的最后一行排一行黑线,这样可使得软件能判断出纸歪等错误。

(3)在行标符列及行标符列与第一列之间不要印有任何颜色(特别是黑色)的文字、图案、方框、方块等。

(4)要考虑到填涂者书写的内容(汉字、数字)邻近点,行标符列及行标符列与第一列之间。

(5)应在信息卡有效范围内、填涂范围外排上"+"字线(或其他形状的标记),便于发现印刷过程中套印是否有误差。信息卡版面排列要直观,要注意信息卡版面设计软件的运行环境和对设备的要求。

(6)信息卡印刷时的尺寸误差不得超过 ± 0.1 mm,裁切尺寸误差不得超过 ± 0.5 mm,信息位点阵最小间距尺寸为 5 mm×3 mm(列距×行距),信息位用矩形框(3 mm×1 mm 或 3 mm×2 mm)表示。

2. 信息卡的印刷

在印刷信息卡时需要注意以下事项:

(1)对印刷单位严格要求,按规定验收,不能迁就。

(2)要求底色的含碳量尽可能少,黑色的含碳量尽可能多。

(3)黑色部分不能有"花白"现象。

(4)套印要准确。

(5)裁切误差在规定范围内。

(6)信息卡的综合误差在规定范围内。

(7)对印制成的信息卡,要严格抽查和筛选。

3. 信息卡的检验

可以从以下方面来判断一张信息卡的质量：

(1)行标符、黑线、黑点的黑度是否足够。

(2)行标符列及行标符列与第一列之间是否干净。

(3)套印是否准确。

(4)裁切是否合格，特别注意是否出现信息卡上方和下方的空白处一方多裁，另一方少裁的情况。（这样的卡综合误差大。）

(5)信息填涂区中是否干净。

4. 信息卡填涂要求

信息卡必须按规定填涂，否则会造成机器读卡时的误读。考生在填涂信息卡时应注意以下事项：

(1)用2B铅笔或碳素墨水笔填涂，涂点不能超出方框。

(2)擦除时必须擦干净，且不能擦破纸。

(3)填涂同一阅读区组内的信息时，填涂必须均匀，即黑色深浅一致。

(4)涂点填涂的不能太淡或太浓。

(5)书写汉字、数字时，不能超出指定范围。

(6)禁止斜涂（沿方框的对角线涂）及竖涂。

(7)改正时不要使用涂改液。

（三）机器阅卷的设备保障

在采用计算机与光电符号阅读器评阅试卷中，设备保障是保证机器阅读质量的前提和基础。机器阅卷设备方面的要求主要有：

1. 光学符号阅读器(Optical Mark Reader, OMR)

OMR是一种专用计算机输入设备，它能快速识别信息卡上的涂写内容,并传入计算机中进行处理。它是机器阅卷系统中的关键设备。光学符号阅读器的基本原理是当发光器件发出的光照射在信息卡的信息位上时，如该信息值被涂黑则部分光被吸收，反射光变弱；否则反射光变强。然后由对应的接收管将强弱不同的光线转换成电信号，再经A/D转换、数字滤波、模式识别后完成对信息卡中字迹的识别。

目前，光学字符阅读器(Optical Character Reader, OCR)和智能字符阅读器(Intelligent Character Reader, ICR)的研制运用已取得很大的进展，特别是ICR这种集当今众多高新技术为一体的光机电高速数据输入设备，将为高考技术手段带来巨大的变化。

在正式使用OMR之前，应对其光电系统、机械传动系统和数据传输进行全面的测试。要求光电探头反应稳定，特别是在长时间使用、外部环境因素变化较大（如高温、潮湿等)时能保持性能稳定。机械传动部分精度要求高,特别是信息卡运行轨迹部位的间隙要适当,太紧易卡纸,太松则易重张。在实际工作中,因机械传动部分故障影响阅卷正常进行的情况较多。

2. 计算机和网络服务器

目前,计算机技术及设备的发展速度十分惊人。在机器阅卷中,对计算机设备的要求是随光电阅读器的发展而变化的。使用手动式阅卷机时,IBM-PC 及其兼容机的内存达到 640 KB 即可。自动式阅卷机一般要求 386 以上档次的机器,内存在 4 MB 以上。有的光电阅读器采用独立外设方式,自身带有 CPU,它与计算机的数据交换通过 RS-232 接口实现,这种机器的特点是有脱机功能(如国防科技大学生产的 KD OMR-Ⅲ)。有的光电阅读器采用插卡方式,结构紧凑,便于维护(如山东大学生产的 OMR)。应当注意的是,随着高档次计算机的普及,计算机与光电阅读器的匹配应考虑计算机频率过快所带来的问题。计算机主频过快常常会使阅卷光电阅读器出现异常情况。

对计算机和网络服务器的要求主要有:机器无硬件问题;性能稳定。用于阅卷的机器应允许在正式阅卷之前对其工作盘进行格式化,以防病毒的侵袭。网络服务器在阅卷期间应当专用。若不能专用,应当设置一定的权限,以防止非法用户的进入。

3. 其他辅助设备

必须确保阅卷场所的正常供电,对可能出现的异常情况,要做好充分准备。在电压波动较大的地方,应配备稳压电源。网络服务器应备有不间断电源(UPS),以防突然断电而使数据丢失。有的稳压设备对光电阅读器的正常阅读会产生影响,测试时应特别注意。

四、网上阅卷系统

以前全国很多省市实行分卷高考,试卷和答卷按主观性试题和客观性试题分开,并且单独印刷。客观性试题用统一规定的答题卡答题,主观性试题部分考生将答案直接答在试卷上。阅卷时,客观性试题部分用光标阅读机进行机器阅卷,主观性试题部分则采用人工阅卷。

随着科学技术的不断进步和高考改革的不断深入,主观性试题越来越多,考生的答卷也更加灵活,阅卷的方式也在不断改变。为了保证高考阅卷的公平、公正、科学,各地高考管理部门正大力推行网上阅卷这一新的方式。这种方式的试卷和答卷完全分离。试卷不留答题位置,答卷设计和印刷时,将客观性试题(涂卡部分)、主观性试题的答题全部集中在同一张答题卡内。考生答题时按题号定位考卷不同答题区域,将所有主、客观性试题的答案全部写在同一张答题卡上。

网上阅卷,是以计算机网络技术和电子扫描技术为依托,利用安全机制实现的阅卷方式。它先将考生的答题纸通过专用的高速扫描系统扫描成图像,经过技术处理将图像按一定要求切割、压缩保存到服务器中,通过网络分发试卷、回收成绩。

(一)网上阅卷系统的组成

1. 密钥管理中心

密钥管理中心设在考试中心,由一台计算机、两块加密卡、两套读卡器组成,并配备相应的管理员和操作员。高考中心通过密钥管理中心进行 IC 卡的分发。分发 IC 卡的过程是,让 IC 卡产生一对 RSA 密钥,将其公钥取出存入高考中心密钥数据库,并将高考中心加密机中的公钥以及工作人员的权限代码输入 IC 卡中。

2. 数据中心

数据中心设在高考中心,是考生"电子试卷"的存放中心,由两台数据库服务器、两台加密机(其中各有一台用作备份)组成并配备相应的管理员。数据中心建立三个数据库:考生试卷数据库、考生成绩数据库、密钥数据库。考生试卷数据库保存考生的电子试卷。考生成绩数据库保存批阅过的考生试卷及成绩。密钥数据库通过密钥数据库服务器端接受密钥管理中心发送来的所有工作人员的公钥和权限代码、姓名。

3. 各地市招办数据中心和录入中心

各地市招办数据中心和录入中心设在各地市接受所属各考点的试卷并组织录入员进行录入。录入员需用智能 IC 卡登录,在口令、权限验证通过以后方可进入控制界面进行操作。考生试卷通过 OCR 以图像的方式被完整地录入数据中心,通过录入中心数据库客户端加密上传到数据中心。

4. 各阅卷点

各阅卷点设在各地市,是专门提供给阅卷员阅卷的场所,它由传统的集中式试卷更新为分布式,由计算机和读卡器组成并配备相应的阅卷员。[1]

(二)网上阅卷工作流程

1. 试卷数据库录入

密钥管理中心向各录入点及阅卷点分发 IC 卡,并把录入员及阅卷员的公钥存储到高考中心密钥数据库。试卷从各考点传送到各地市招办,录入员要利用智能 IC 卡登录,在检查口令、密钥和权限通过以后方可进入控制界面进行操作。通过 OCR 将考生试卷以图像的方式录入计算机,系统调用智能 IC 卡产生对称密钥对试卷内容及录入员的签名进行加密并生成 MAC(试卷内容摘要),对称密钥由高考中心的公钥加密。加密

---

[1] 刘军.网上阅卷系统的实现与安全分析[J].网络与信息,2008(08):28.

后的试卷内容、生成的 MAC 及加密后的对称密钥组成报文上传至高考中心。

2. 试卷数据库调出

阅卷工作开始时从数据库中调出试卷内容并解密,将试卷内容和考生试卷数据库编号组成信息,同时对试卷图像进行切分(将考生信息与试卷内容按一定规则分离)和派发(将切分过的试卷按题目分类并放入指定位置)、调用加密机产生对称密钥加密报文并生成 MAC。用对应的阅卷员公钥加密对称密钥,这样就形成数据报文,下传给阅卷点。阅卷点收到信息后,首先利用智能 IC 卡中的私钥解密对称密钥,然后用对称密钥解密试卷内容得到明文试卷,再将其生成 MAC,同收到的 MAC 值做比较,判断是否一致,通过则显示在浏览器中供阅卷员评阅。

3. 阅卷员评分

阅卷员利用 IC 卡登录,在检查口令、密钥和权限通过以后方可进入控制界面进行操作通过浏览器随机抽取考生试卷。阅卷员可以看到切分过的隐去个人信息的考生试卷,评阅完毕将成绩提交。提交时,由考生试卷数据库编号、试卷评阅成绩组成评阅信息,调用智能 IC 卡产生对称密钥加密,生成 MAC,同时用高考中心数据中心的公钥加密对称密钥,形成评阅信息数据报文,上传至高考中心。

4. 成绩数据库回收

数据中心收到评阅信息后用对应的私钥解密对称密钥,用对称密钥解密评阅信息得到试卷成绩和试卷数据库编号,连同对应的试卷数据库中的记录保存到考生成绩数据库。[1]

(三)网上阅卷的优势

1. 控制评卷速度,保证评卷质量

采用网上阅卷可以实时控制评卷速度,实时监控评卷质量,实时管理评卷进程,从而解决了原来部分评卷教师因评卷速度过快而容易造成超出规定误差范围的给分误差或部分教师评卷效率低下的问题,保证了评卷的质量。将传统的手工方式变为科学的"多评制",同一份卷可以达到二评、三评甚至四评,有助于阅卷教师更好地把握评分标准,提高阅卷质量。[2]

2. 控制阅卷教师评分误差

采用网上阅卷使得一份答卷至少由两位教师评阅(有的答卷甚至需要三评或四评),并且阅卷教师在评卷过程中不知道这份卷是初评还是复评,更不知道别人的评卷

---

[1] 刘军. 网上阅卷系统的实现与安全分析[J]. 网络与信息, 2008(08): 28.
[2] 同①

结果,有利于评卷人员独立判断、评分,从根本上实现了"控制评卷教师的评分误差",使评卷误差降低到最低限度,最大限度地实现了高考的公平性。引入有效的误差控制机制,可实时控制误差,最大限度地实现了阅卷公平、公正、准确的控制目标。①

3. 改变了传统考务管理环节,提高了效率

采取网上阅卷,可以实现试题和答卷分开的目的,从而减轻了答卷回收和后期周转的压力。在评卷过程中,计算机自动分发答卷,减少以往评卷教师领还答卷的环节,并且采取程序式管理不会出现漏评答卷的问题。网上阅卷还减少了原有的人工登分和合分环节,所有成绩在评卷过程中自动存入计算机,不再有登分误差,大大提高了工作效率。这样改变传统的考务管理方式,采取了试卷、答卷分离的方式和客观性试题、主观性试题统一答卷的形式,简化了答卷回收、存放、装订等环节,提高了考务工作的效率,并有利于答卷的安全保密。阅卷全过程采用计算机管理,减少了传统阅卷方式的人工登分、核分、合分等诸多手工环节,极大地提高了阅卷的效率、准确性和保密性。②

4. 实现了对每个评卷教师阅卷质量的量化评估

采用网上阅卷能够对每个阅卷教师进行量化的评卷质量评估,对阅卷教师阅卷质量和水平的评判不仅包括资历、学历、职称、用时、高低,而且涉及"评卷吻合指数""自评指数""有效阅卷数"等各项统计数据和指标,同时便于建立阅卷教师档案,真正筛选出优秀阅卷教师,从而建立一支高水平的阅卷教师队伍。

5. 可以更及时、有效地监控教师的阅卷进度

网上阅卷可以直观地了解每一名阅卷教师、每一道试题、每一个阅卷小组的阅卷状况(包括阅卷进度、平均分等),及时发现问题,纠正偏差,从而保证阅卷教师掌握标准的一致性,确保对阅卷的管理力度。在阅卷过程中,试题是被随机派送给每一位阅卷教师的,阅卷教师是无法获取到与试题相关的考生信息的,进一步实现了阅卷的公平。阅卷教师可以对优秀答卷、优秀作文进行标示,高考结束后管理员可以从众多的答卷中快速导出这些优秀试卷,以电子文稿的形式或者打印成纸件发送给每一位教师进行查看。③

6. 提高了命题阅卷工作的科学化管理水平

考生的各种答题信息和全部阅卷信息详细地存储在计算机系统内,可以建立阅卷教师档案,进行各种数据统计分析,进一步提高命题、阅卷工作的科学化管理水平。该机制可以通过充分利用技术手段,合理地控制一评、二评的完全独立评阅,并通过三评

---

① 肖利峰. 基于机器视觉的分布式网上阅卷系统[D]. 合肥工业大学, 2009.
② 陈俊澎. 海南省公务员考录测评系统能力分析与评价研究[D]. 天津大学, 2010.
③ 同①.

和终评做保障,进一步提高了公平性、公正性和阅卷质量。①

7. 提高了阅卷速度

网上阅卷最为明显的优点是提高了阅卷速度,缩短了统计成绩的时间。比如数学试卷从需要数学教师评阅一整天缩短为一上午完成;语文试卷也由需要两天(作文只有一评)缩短为仅一天完成,而且作文是双评。所有试卷评阅完后,只需10~20分钟就可以统计出各种详细的成绩报表。诸如每小题的正确率,每个学生每小题的得分情况,每个学生的原始成绩和标准成绩,试题难度、区分度、标准差、优秀率、优良率、及格率、不及格率及各等级人数,班级或年级排名等。②

8. 有利于数据分析

网上阅卷便于及时统计有关数据,向有关部门提供更详细的反馈信息。采用网上阅卷,考生的各种答题信息和评卷信息都被详细存储,便于今后有关部门对各种数据和信息进行分析,并对考生、学校、地区的学习与教学情况进行评价。③

(四)网上阅卷的相关要求

网上阅卷主要有以下五个方面的要求:

1. 对纸张的要求

阅卷系统虽然对A4纸的要求不高,但是,质量差的纸在扫描过程中不仅产生很多纸灰,影响对客观性试题的识别和主观性试题的图像质量,而且容易过双张,降低扫描速度,对价格相对昂贵的扫描仪造成较大损伤。所以,建议最好使用80 g的高质量A4纸印刷答卷。

2. 对考生的要求

(1)作答用笔的要求。选择题必须使用2B铅笔填涂;非选择题必须使用0.5 mm以上的黑色签字笔进行答题(虽然系统也允许使用其他颜色的笔作答主观性试题,但用黑色字迹的笔作答的试卷经扫描后的图像相对比较清晰,所以,在阅卷教师看不到原件即只能看到图像的情况下,建议考生使用黑色笔作答主观性试题);作图题,应先使用铅笔作图,最后用0.5 mm以上的黑色签字笔描图。

(2)必须在规定的区域内、规定的题号下答题。

(3)考生要书写工整、字迹清晰,以便最后能得到清晰的扫描图像。务必保持答题卡清洁,不得折叠、污损。

---

① 肖亮.网上阅卷系统功效浅析[J].信息技术教育,2007(04):66-67.
② 同①.
③ 同①.

3. 对监考教师的要求

因为学校的普通印刷条件有限,不能对 A4 纸切角,所以要求监考教师在收答题卡时,一定要按照页码顺序收,如果页码顺序错乱,管理员在扫描时也未发现,造成的结果是该考生的某些题错位,导致阅卷教师不能正常给分,该考生的成绩不准确。另外,如果考生某题答题区域损坏,考生不能在其他答题区域作答本题,监考教师一定要为其更换答题卡,否则阅卷教师看不到该考生对该题的作答,也会影响考生成绩。

4. 对扫描工作人员的要求

扫描答卷的过程中即使没有错误产生,至少也要隔 30 分钟左右擦拭一次扫描仪的镜头,否则扫描出的图像可能会不清晰,影响到系统对客观性试题的识别,可能会因为一个较大的灰尘导致几个学生的某道题连续的识别错误。[①]

五、考务管理系统

考务管理系统包括多个功能模块:一是人员管理,对考生、评卷者的身份信息和权限进行管理;二是考试管理,为保证高考安全、稳定、顺利进行,针对考试可能出现的异常情况进行相应的处理;三是查询功能,对高考的分数结果和标准答案进行查询,包括人员管理、高考时间的控制、分数管理、高考查询、高考的安全管理等内容。

(一) 人员管理

人员管理分为两个部分:考生管理和评卷者管理。在考生管理模块中可以输入、修改、删除考生的基本身份信息,并生成考生高考所必需的各种信息以供打印和查询使用。输入的考生信息包括姓名、单位、高考学科、考生层次等基本信息。自动生成的信息包括考生考号、高考试卷名称、高考时间、考场座号以及在高考系统内部用于标记考生身份的加密考号等信息。所有信息均写入考生信息数据表中。

在评卷者管理模块中可以输入、修改、删除评卷者的基本信息,并生成评卷者用于出卷、判卷等所必需的各种信息。输入的评卷者信息有:用户姓名、评卷学科或者试卷名称、权限以及评卷者计算机 IP 地址。自动生成的内容包括用户名、登录口令等。

在人员管理模块中,需要提供打印功能,对考生和评卷者的一些基本信息的输出进行打印,然后提供给考生和评卷者使用。

(二) 高考时间的控制

高考时间的控制主要包括以下内容:

---

① 陈俊澎. 海南省公务员考录测评系统能力分析与评价研究[D]. 天津大学, 2010.

1. 设置高考开始时间

只有在到达高考开始时间以后,考生才能开始答题。

2. 设置高考时长

设置高考时间的总长度,在到达该高考时间以后,考生需提交试卷。

3. 时间补偿

如果是非人为因素导致考生损失高考时间,那么高考管理员可以根据实际情况,对该名考生延长高考时间。如果是由于高考服务器出现意外,需要对全体考生延长高考时间,那么可以一次性对全体考生进行延时。考试时间通常以秒为单位。

4. 设置自动保存时间

通常根据高考的规模、高考服务器性能、高考内容的形式和高考的重要性等方面来设定该值。[①]

（三）分数管理

高考分数的管理包括分数合计、分数奖励和处罚、分数统计等内容。

1. 分数合计

由于在试卷评判时,判卷系统只负责合计每种题型的总分,所以需要额外的程序来合计每名考生的试卷总分。系统还可以计算考生的高考总成绩,如果每门高考成绩在总成绩中的分数占比不一样,那么系统需要根据各门高考成绩的权值来相应计算高考成绩。

2. 分数奖励和处罚

如果需要其他因素（如特殊贡献、高考作弊等）对考生进行额外的加分或者减分,那么可以通过该程序来执行。试卷的额外加分与试卷的实际总分单独显示。

3. 分数统计

对本次高考的所有考生成绩进行统计,诸如高考平均分、分数分布情况和绘制分数分布曲线等。[②]

（四）高考查询

1. 高考观摩

在考生高考时,特权人员可以通过该系统对考生保存在数据库中的试卷内容进行

---

① 肖亮.网上阅卷系统功效浅析[J].信息技术教育,2007(04):66-67.
② 申燕.高等教育自学考试远程教育服务体系构建研究[D].西南大学,2009.

浏览和检查,也可以向前来观摩高考的领导和来宾进行演示。

2.答案查询

在高考结束后,考生可以通过自己的考号来查询试卷的标准答案和自己填写的答案,还可以看到该试题的分数。

3.分数查询

在试卷评判结束以后,考生可以在分数查询系统中通过考号来查询自己的高考分数。考生的试卷总分和每种题型的总分以表格显示,在表格下面的试卷内容中给出试题内容、正确答案、考生答案和每道试题的具体得分。[①]

(五)高考的安全管理

1.试卷名称校验

在高考系统中,试卷名称是在录入考生时由考生管理系统自动生成的。试卷名称与试卷数据表名的对应关系存储在试卷索引表中,该对应关系由试卷生成系统写入。为了避免这两个系统之间出现数据传递上的错误,在试卷生成以后、高考开始之前,利用该程序对所有考生将要使用的试卷进行名称校验。如果试卷名称有误,可以进行自动或者手动修正。

2.考生座位分配

在高考开始之前,为每个考场中的考生分配座位号,可以指定考生必须使用该座位号。

3.作弊处理

如果考生在高考期间被发现有作弊行为而取消高考,那么可以通过该程序执行对该名考生的处理决定。执行的方式有两种,取消该名考生的高考成绩和以当时考生的答案内容为准。执行处罚决定以后,考生无法再进行答题。[②]

六、考场管理系统

考场管理系统根据高考的管理要求分为高考保障系统、高考管理系统、考场监控系统。

作为考场管理系统主体的高考保障系统,在设计上充分考虑了易操作性和安全性。对于考场上可能发生的突发情况,如断电、机器故障等,系统均设计了应急功能,为高考成功提供了最大的保障。高考保障系统由报名管理、考场管理、考生身份认证、数据管

---

① 申燕.高等教育自学考试远程教育服务体系构建研究[D].西南大学,2009.
② 同①.

理、高考管理机系统、题库系统等构成。通过这些系统就可以安全、高效、严密地完成每一场高考了。

高考管理系统通过与考场系统管理机的同步，可以控制开考时间，保证了高考的公正性和权威性。

考场监控系统解决了管理者最头痛的考场纪律问题。作为管理者通过该系统的服务端，即可随意查看任意一个考场的情况，为评估考场纪律提供了依据。这项技术已经应用在各类高考中，高考监管部门可在同一天内监控到数十个考点，上百个考场的情况。

随着现代化技术的不断进步，作弊技术在不断地提升，这就要求更先进的监控系统来预防和发现高考作弊。因此，在这里着重介绍有关考场监控系统。现在已经有一些高考完全通过计算机来进行考试，实行网上高考。因此为预防考生作弊，一些必要的软件监控必不可少。

（一）软件监考

尽管高考系统在服务器端采用了多种安全手段，但还是不能完全防止考生在客户端进行的作弊行为，例如：在英语高考时，考生可以在客户端安装金山词霸等字典软件；在其他高考中，可以利用点到点网络传递工具进行试题答案传递。为了防止考生在客户端的作弊行为，可以安装客户端的监考软件。在安装了监考软件以后，考生必须启动该程序以后才能成功地登录高考服务器进行试卷下载。监考软件采用远程监视技术，并通过网络将监视的结果以文本形式发送给监考服务器，监考服务器首先对监视结果进行判断，看是否违例；然后将结果进行内容和格式的整理，录入监考数据。

监视的内容主要是考生计算机实时打开的应用程序。如果考生在高考时，打开的应用程序是高考不允许的、超出高考范围的或者用途未知的，那么高考服务器会向高考管理员报警，高考管理员可以联系该考点的监考人员，查清事实真相，进行相应处理。

除了监视考生客户端应用程序的运行情况以外，客户端软件还监视考生计算机的剪贴板内容。任何进入剪贴板的文字内容，监考软件都会进行适当的整理，然后发送给高考服务器。由高考服务器根据一定的规则判断考生的这一操作是否属于作弊。如果有作弊的嫌疑，系统会向高考管理员报警。

所有的监考记录都会按照考生和高考时间进行分类，自动写入监考数据库，即使在高考期间监考程序没有发现考生有作弊行为，在高考结束后，也可以进行人工审阅。对考生的一些可疑操作进行判断，并根据高考规则进行相应的处理。[1]

---

[1] 申燕.高等教育自学考试远程教育服务体系构建研究[D].西南大学,2009.

（二）视频监考

除了利用软件在微观上对考生进行监考以外,还可以利用视频监控设备在宏观上对整个考场的高考情况进行监视。视频监控一般采用基于 IP 的视频会议系统,该系统利用视频技术和 IP 数据通信技术,通过 IP 网络(Internet,LAN/WAN)在两点或多点之间建立可视通信,实现图像、语音及数据的交流。参加会议的人利用计算机终端、摄像机和话筒既能实时地看到对方发言人和会场场景,也能听到对方的声音。基于 IP 网络的视频会议系统在远程监控与调度领域具有广泛的应用前景,相应的产品也层出不穷。

视频会议技术同时包含了视频处理技术和音频处理技术,因而把视频会议技术应用于监控和监考也完全可行。一般采用 H.323 协议族的 H.261 协议族和 G.728 协议族所规定的技术标准来分别实现远程视频监控和远程音频调度。监控中心可以设置在考试中心,但是为了减少考试中心的数据流量,最好设置在其他地方。监控中心由一台主控服务器、多台解码设备(包括主机)组成。主控服务器执行多点控制(ME)和多点处理(MP)功能;多台解码设备与各个远程考场对应通信,分别监视考场并进行视频、音频存储,保证在监控中心可以同时获得各个现场的图像和声音。①

七、高考业务网站

高考业务网站包括以下功能:系统公告,发布最新的系统信息,如高考各模块信息、各类辅导材料、试题解答、模拟试题;省级鉴定中心与考点通过网站进行双向数据交互,包括报名数据上传、高考数据下载、成绩册下载等;社区服务,如电子邮件、电子刊物、综合论坛等;网上模拟高考平台,下载高考引擎及模拟题库进行离线或在线模拟高考;网上培训平台,可以提供培训、学习、答疑、指导。

其中,网上报名是在互联网上实现考生实时的、远程的自助式报名方式。这种报名方式有以下优点:

1.给考生提供了便捷的服务

对于考生而言,网上报名可以避免因地域、时间、天气、交通、排队、缴费、手续等因素的限制而影响高考报名,避免了因考生或办考机构手工操作而造成的无意失误与损失。从技术角度上讲,在世界任何一个地方,只要能上网,只要指定银行的账户上有足够的报名经费,考生就能够顺利完成报名。

---

① 申燕.高等教育自学考试远程教育服务体系构建研究[D].西南大学,2009.

2.减轻了办考机构的负担

对于办考机构而言,相当一部分考生采取此方式报名,有效地降低了办考机构的劳动强度。由于此报名方式属于自助式报名,考生在线填报数据时已自行进行了检查与更正,因此有效提高了数据采集的准确性、安全性与可靠性。

3.解决了资金流问题

由于与银行采取了对公账户合作方式,因此银行提供了可靠的支付与资金划转平台及数据接口。因此从根本上解决了资金流问题,考生缴费不再是瓶颈。

4.解决了操作平台与数据流问题

由于采用的是B/S结构,因此考生可以直接通过浏览器完成整个报名过程,而无须安装客户端软件。报名结束后,办考机构还可以通过运行一个数据接口软件,轻松地将按照标准格式生成的数据下载并导入高考管理系统;同时,因为系统能按照上级规定的数据格式自动生成报名数据,所以回收的数据不会丢失,且无须整理,可以直接使用或呈报上级办考机构,减轻了计算机管理与操作人员的工作强度,而且保证了数据的一致性、可靠性、安全性,提高了工作效率,真正有效地解决了高考系统中数据流的问题。

5.实现了物流管理与控制

考试机构与中国邮政合作对考生订购的教材进行投递,实现了物流的管理与控制,而且效果非常好,是一种良性循环结构。

6.保证了数据安全

系统采用了防火墙技术,阻挡对数据库的非法侵入与操作;IP地址监控,禁止不同IP地址对同一条数据的操作,严防恶意修改;权限控制,对于不同类别的操作人员给予不同类别的权限,防止对数据的误操作,避免给考生带来不应有的损失。

7.操作简单、方便

系统分为前台、后台两个部分:前台主要是面向考生,考生可通过输入准考证号、身份证号与系统数据进行比对,比对成功即可选择报考科目、预订教材、检查修改数据、网上支付报名费、打印确认文本等操作;后台为管理员与系统之间的接口,用于对高考流程及数据进行必要的设置与管理,操作界面友好。管理人员可以方便地将数据上传至服务器及数据库,或下载至本地数据库中。

第三节　高考管理技术的发展趋势

作为以高考为对象的高考管理,必将随着高考理论的发展和科学技术的进步而产生相应的变化,更加符合高考规律和客观实际,更加符合中国国情和世界发展潮流。进入21世纪,人类社会步入了新的发展阶段,高考管理的发展也必然要与社会发展相适应[①],高考管理中新技术的应用将导致高考管理技术文化向科学化和信息化发展。

一、高考管理技术的科学化趋势

高考管理的科学化是指高考管理必须遵循高考的客观规律,以科学理论为指导,运用科学的管理方法管理高考。高考管理的科学化主要有三层意思:一是利用当代最新的管理科学理论结合高考客观规律进行科学的高考管理;二是采用当代最新的高考科学理论成果进行高考的设计管理与过程管理;三是利用当代最新的科技成果与方法,特别是信息技术进行高考全过程的科学管理,实现管理技术手段的全面现代化。

(一)高考管理科学化趋势的背景

1.高考管理科学化是时代的要求

随着经济的全球化和知识经济时代的到来,考试的作用日趋明显。无论是政府部门还是社会用人单位,都希望通过严密的考试来选拔优秀的人才。而考试的严密、公平与否,与考试管理的质量息息相关。考试管理的科学化则是考试管理的质量能否提高的关键因素。因此,考试管理的科学化已成为适应时代要求的当务之急。

现代高考随着人类社会的发展,表现出不断发展的趋势:高考的规模越来越大;高考的类型和形式越来越多;高考的内容随着科学技术的发展、社会分工的深化、新的学科及新的行业的出现而日新月异;高考的手段也随着计算机等现代科技的发展而不断改进和逐步现代化。例如,面对一个发展迅速的高考事业,用现代化手段管理高考,替代繁重的手工劳动,尤显重要。高考工作程序环环相扣、紧密结合,组织工作、管理工作要依据各方面大量数据信息来决策,数据信息量大,且数据信息要长期保留。因此,如何高效、有序、规范地组织和管理好这项复杂庞大的工作,需要运用现代化社会其他系

---

① 念孝明.让考试走向人性化、科学化、现代化——读康乃美研究员的《考试管理技术》[J].湖北招生考试,2008(24):60-61.

统的新成果、新理论、新技术、新方法来充实、提高和改造自己,使自己完成时代变迁的过渡,与整个高考事业的发展进步保持步调一致。

2. 现代科学技术的进步为高考管理的科学化提供了强大的技术支持

由于科学技术的进步,人类认识世界的能力空前提高。尤其是计算机技术和网络信息技术的飞速发展与广泛应用,不仅为高考管理构筑了一个科学的现代化技术平台,也促使高考管理的观念和实践产生了根本性的变革。当前,以计算机为主导的现代化电子信息技术正被广泛应用于高考管理体系之中。教育部考试中心和各省(自治区、直辖市)考试机构也加紧进行计算机在高考管理中的应用研究及其成果的推广工作,如利用计算机采集报考和志愿信息,编排考场,网上登录分数,进行高考信息统计和分析等。

为实现高考管理的科学化,应尽可能快地、尽可能多地、尽可能好地将现代科学技术中的最新成果应用到高考管理中。比如,要注重组织力量研究、开发与计算机技术和网络技术有关的软件及其他配套的技术等。

3. 现代管理理论与方法的长足发展,为高考管理的科学化提供了有力的理论支持

科学技术的进步与管理理论的发展,是推动高考管理科学化这辆"列车"前进的两个"轮子",但这两个"轮子"要协调、同步运动,才能使"列车"跑得更快。

20世纪不仅是科学技术飞速发展的时期,同时也是管理科学取得辉煌成果的时期,无论是管理理论、管理方法还是管理手段,都发生了巨大的变化。在整个社会管理中,工业企业的发展是最快的,诞生了一大批管理学家和管理学说,对推动经济和社会的发展起了很大作用。一些非生产部门也从中得到启发,并将企业管理理论中的一些概念、原则和方法移植到本部门,作为思考问题和解决问题的新依据。高考管理学界的一些学者也做了这项工作,对高考管理的科学化发展起了催化作用。

(二)高考管理科学化的趋势

高考管理科学化的趋势,将主要体现在高考管理观念、高考管理组织、高考管理手段与方法三个方面的现代化、科学化。

1. 高考管理观念的现代化、科学化

高考管理的现代化、科学化要求高考管理的开展必须有先进的观念作为主导,立足我国当前有中国特色的现代化管理,并坚持用现代的、科学的眼光及方法看待、分析和处理各种高考管理的问题。例如,高考理论对整个高考工作具有根本性的意义,当前多种现代高考理论不断提出,高考管理者决定采用何种理论指导高考工作便是一个观念问题,高考管理者不能因循守旧,拘泥于熟悉的经典测验理论,而应根据高考实际,探索以现代高考理论为指导组织高考及高考管理工作,使高考管理的科学化水平提升到一个新的高度。由此可以说,高考管理观念的科学化是高考管理现代化的前提和关键。现阶段高考管理观念的现代化包括公平公正观念、创新观念、现代科学管理观念和效益观念。

2. **高考管理组织的现代化、科学化**

传统的高考管理组织是基于信息流通和控制以及分工细化而产生的,是一种自上而下的垂直结构。传统高考管理组织强调分工、顺序、传递等,这种管理模式显得臃肿,且运行效率低下。传统分工细化的组织已经不能适应当今时代发展的需要。在竞争日益激烈的信息时代,时代需求正以深刻的方式改变着传统的高考管理组织结构,促进高考管理组织现代化、科学化。这也是为了提高运行效率,以便达到对高考的全面控制,从而保证高考质量的提高。

3. **高考管理手段与方法的现代化、科学化**

管理方法是人们为了实施管理职能,达到管理目的所采取的各种手段、措施和途径。科学的管理方法,对于提高管理效率、实现管理目标有着重要的作用。高考管理方法的科学化,就是为贯彻实施高考管理计划和预期的高考管理目标,运用现代自然科学和社会科学新成果,正确合理地解决高考管理过程中的各种问题,圆满地实现高考管理目标所采取的策略、手段和措施。要做到高考管理方法的科学化,必须重视管理方法的研究和应用,常用的管理方法有法治管理方法、行政管理方法、经济管理方法和宣传管理方法等。[①]

管理手段科学现代化,主要是采用电子计算机实行自动化管理。随着当前高考规模的进一步扩大,办考能力与之不相适应的矛盾必将更加突出。因此,改革管理模式,采取现代化技术手段对高考实施全过程管理,是解决这一矛盾的有效措施。同时,也可以限制非正常因素对高考的各种干扰,减少人为干预。为此,应加大对这方面工作研究的经费、技术和人员的投入,逐步实现高考管理的现代化。

---

① 许家玉,张维方.浅述企业管理现代化[J].枣庄师专学报,1995(01):57-60.

二、高考管理技术的信息化趋势

高考管理信息化的主要特点是,在管理过程中广泛应用以多媒体和网络通信为基础的现代化信息技术,促进管理的全面改革,使之适应正在到来的信息化社会对于高考发展的新要求。

(一)高考管理信息化趋势的背景

高考管理信息化是信息时代对高考管理的要求,也是高考管理深化改革、提高管理效率和管理创新的需求。

1. 高考信息的特征要求高考管理信息化

高考是一个涉及范围很大的活动,高考信息贯穿了整个高考过程,高考信息具有信息源点多、分布广、信息量大、动态性强、及时性要求高的特征。这意味着高考信息的收集、传递、处理种类繁多,要求速度快。高考系统内部各个环节有不同种类的信息,而且高考管理与其他管理,如考务管理、教学管理等都密切相关,因而还必须收集这些类别的信息,这就需要进行高考管理信息化建设。

2. 高考信息化是提高高考管理效率的需要

传统的高考管理只单纯地依靠手工或简单的软件来进行操作,而进行一次高考需要投入大量的人力、物力、财力。现在的高考管理的一些主要环节,如考务、考籍、成绩录入等虽然实现了计算机软件管理,但真正实现高考信息管理的却很少。高考管理信息化能够大大提高工作人员收集、传递、利用信息的能力,为高考运行提供充分、可靠的依据,增强制度的约束性,提高管理的透明度,是解决高考管理突出问题的有效措施。

3. 高考管理信息化是深化高考管理改革的需要

推进管理信息化需要转变现有观念,优化组织机构,减少管理层次,严格规章制度。高考管理信息的目的并不是简单地精简一些人员,节约一些费用,而是要形成一个效率高、质量好的高考管理体系,提高高考信息传递的效率和质量。因此,推进高考管理信息化的过程,是对传统的、落后的管理思想、管理方式的改造过程,是深化高考管理改革的需要。[1]

---

[1] 项红芳. 中小制造企业 MIS 建设相关问题及对策研究[D]. 吉林大学,2004.

4.高考管理信息化是促进高考管理创新的需要

高考管理信息化的核心是运用现代信息技术,把先进的管理理念和方法引入管理流程,提高管理的效率和水平,促进管理创新。因此,推进高考管理信息化是促进高考管理创新和各项管理工作升级的重要突破口。[①]

(二)高考管理信息化的发展趋势

高考管理信息化有以下发展趋势:

1.高考管理信息化将实现向高考管理机制改革转变

高考管理信息化不是简单地应用计算机替代手工劳动,将传统的管理方式照搬到计算机网络中,而是要对传统落后的管理观念、僵化臃肿的组织体制、反应迟钝的管理流程、人浮于事的定岗定员等管理的各个方面进行深刻的变革。高考管理信息化是建立在管理创新与机制转变基础上的,是同管理创新相机制转变的有机结合。[②]

2.高考管理信息化将在技术层面和管理层面突显其重要性

从技术上看,高考管理信息化将显现的基本特点是数字化、网络化、多媒体化和智能化。其中,数字化使得高考管理信息技术系统的设备简单、性能可靠和标准统一;多媒体化使得信息媒体设备一体化、信息表征多元化、复杂现象虚拟化;智能化使得系统能够做到管理行为人性化、人机通信自然化、繁杂任务代理化。从管理层面上看,管理信息化的结果将达到一种新的管理形态——信息化高考管理。信息化高考管理将具有以下显著特点:高考信息的数字化、高考管理的网络化和高考管理系统的综合集成。[③]

3.高考管理信息化将促进高考管理信息化人才队伍的形成

在信息化社会里,信息化人才的作用十分重要。全球信息化的竞争实质上是人才的竞争。为适应高考管理信息化的需要,必将促进高考管理信息化人才的积聚和素质的提高,一支高素质、专业配套、层次合理的高考管理信息化人才队伍将逐步形成。

4.高考管理信息化将促进高考管理物质技术条件的更快发展

随着信息与多媒体的高速发展,我们面对的是与以往完全不同的网络化环境和信

---

① 董喆.浅谈企业管理信息化的发展[J].商场现代化,2006(03):56.
② 同①.
③ 邵艳.论信息化建设的六大构成要素及其宏观调控[J].河北大学学报(哲学社会科学版),2001(03):127-130.

息产业的崛起,面临着技术挑战。高考管理信息化对计算机技术、网络技术、语言信息处理技术、多媒体和通信技术以及智能人机界面与信息服务都提出了新的挑战。要求计算机能采用并行技术,能够处理更大的负载。在获取信息时,对网络的传输速度也提出了更高的要求。人们渴望自然语言的信息处理技术、多模式的人机界面和综合处理声、文、图、信息通信技术,以及主动防御和有效抑制网上不法行为的技术。高考管理信息化建设的这些目标,必将促进高考管理技术的更快发展与进步。[①]

---

① 邵艳.论信息化建设的六大构成要素及其宏观调控[J].河北大学学报(哲学社会科学版),2001(03):127-130.

第七章 高考环境管理

第一节 高考环境概述

高考环境是影响高考进行的各种客观因素的综合,既独立于高考活动之外而客观存在,又与人类高考活动有着密切的联系,任何形式的高考都不能脱离高考环境而存在。

一、高考环境文化的含义

(一)什么是环境?

我们通常所说的环境是指围绕着人类的外部世界,是人类赖以生存和发展的物质条件的综合体。环境为人类的社会生产和生活提供了广泛的空间、丰富的资源,是人类生存的必要条件。从宏观上来说,环境主要包括自然环境和社会环境。[1]

(二)什么是高考环境?

高考环境是环境的组成部分,指由高考活动系统外部与高考活动系统存在、运行密切相关的各种事物或条件所组成的集合体。换而言之,高考环境是指在国家教育部门(学校或其他行政部门)组织的各类高考活动的特定区域或范围内各种因素的存在状况和综合作用的结果。高考环境有着客观性、系统性、可变性、地域性等特征。

(三)什么是高考环境文化?

高考环境文化是指在高考环境建设中形成的物质文化和精神文化的总和。其中:物质文化包括考点、考场,考场外部的卫生、安全等;精神文化包括与高考环境相关的高考政治环境文化、经济环境文化、教育环境文化等。

---

[1] 宋凌艳.区域环境综合体状况评价模型研究及应用[D].北京工业大学,2010.

二、高考环境的分类

从宏观上来说,高考环境可分为高考自然环境和高考社会环境。就范围而言,高考环境包括高考的场所及其相关的地方和周边区域;就内容而言,高考环境包括高考区域内的设备设施状况、治安管理状况、高考管理以及与高考活动相关的自然和社会等方面的因素等。

本节主要采用宏观角度的分类对高考环境进行探究。

(一)高考自然环境

高考自然环境又称为高考生态环境,是指与高考活动系统运行相关的各种自然条件要素的集合体。它不仅包括自然界中与人类高考活动发生关联的那一部分自然物,如土地、植物、动物、气候、水、阳光等,还包括人造自然物,即人有意识改造、具有文化意蕴的自然物,是人们在"掌握了自然力"的基础上创造出的"第二自然",如用于高考活动的各种设施及工具等。这些自然物和人造自然物都是高考活动得以开展的物质基础,也是降低高考活动消耗、提高高考活动功效的物质条件。随着科技的高速发展,人类征服和改造自然的能力不断增强,更多的自然物和人造自然物被用于高考活动,这是高考自然环境变化发展的必然趋势。高考自然环境可分为高考内部环境和高考外部环境。

1. 高考内部环境

高考内部环境主要包括考点环境和考场环境两个部分,涉及考生和监考教师人数、座位安排、卫生、桌椅摆放等内容。

(1)考点环境

考点环境对学生的影响因素主要有考点监考、考点设置及设备检测等。一般而言,每个考点会设主考和副主考,考点下设考务、监考、视频监控、信号广播、技术保障、保密、保卫、宣传、后勤(含医务)等若干小组。考场外也会安排适量的流动监考,用以保持考场与考点办公室的快速联系,监管高考中途因特殊情况离场的考生。考点设置也要庄严和谐、催人奋进,例如可以悬挂宣传标语、制作宣传板报等。

(2)考场环境

考场环境是指某一个考场内部的环境状况。

监考人员是考场环境的重要组成因素。高考对监考人员数量、素质等都有特别要求。如每个考室必须配备主监考和监考各一名,所有高考工作人员必须是政治思想好、熟悉高考业务、工作认真负责、遵纪守法、身体健康、无直系亲属或利害关系人参加高考、与工作岗位相适应的在编在职人员。监考人员还应是从教从考人员,但不得是关联本次高考的办班辅导人员。监考人员在当堂考试开考前集合时经随机方式确定。

考场环境对噪声、卫生也有特殊要求。一般要求考场内外无杂音;卫生清洁工作要提前完成,保持考场整洁、明亮,多余桌椅、杂物和考桌内的物品要全部清理;四壁无高考科目相关信息;前、后黑板统一书写高考标语;门框完好,可以关闭落锁等。

2. 高考外部环境

高考外部环境主要是指考点以外的环境,既包括命题、制卷、组考、阅卷评分、成绩统计等环境,也包括考点周边的环境。命题、制卷、组考、阅卷评分、成绩统计等环境在高考管理内容部分已对其进行分析,此部分主要针对考点周边环境进行分析。考点外部环境主要涉及交通、安全、声音、卫生等因素。

(1)交通管理。一般考点外禁止无关车辆经过及停放,禁止车辆鸣笛,且考点周边交通便利。

(2)安全管理。要求考点周边住宿条件良好,无不良事件发生。

(3)声音管理。除禁止高考期间车辆鸣笛以外,还要求高考期间减少或一定程度上禁止考点周边娱乐活动,以免影响考生休息。

(4)卫生管理。要求考点外商店、餐饮等干净卫生,为广大考生提供一个健康、安全的餐饮环境。

在高考前,教育部门都会联合卫生、交通、市场监督管理等部门共同对考点周边环境进行整治。例如,我国每年高考前夕都会对考点周边的卫生环境进行整顿。除人员清扫、捡拾外,每天还会安排电动机扫车进行机械保洁,环卫执法人员对各考点周边进行蹲点守候,不间断巡查,发现乱扔乱倒等问题随时解决。高考结束后,也会专门组织环卫车辆和工人对考场周边环境再次进行集中清理,确保考点周围环境的整洁、靓丽。

(二)高考社会环境

高考的社会环境是高考活动系统存在、运行、发展的基础。作为与高考活动系统紧密关联的外部主体条件系统,其状态如何不仅直接影响高考活动的效率与效益,而且制约高考革新发展的进程,甚至决定高考制度的存亡。

高考的社会环境同样是一个结构复杂的集合体,它包含多类、多层与高考活动系统相关联的环境要素,可具体归为下列几方面:

1. 高考的经济环境

高考的经济环境文化是指高考所处时代的经济制度、经济结构、经济机制和经济发展的整体水平,其内容一般包括生产力发展水平、人力资源和物质资源的发展状况,产业结构、职业结构和技术结构,经济体制、经济政策和经济运行的机制,以及社会整个物质生活水平的状况等。经济环境历来是高考社会环境的根本要素,并对高考的政治环境、教育环境、科技环境及观念文化环境的优劣产生决定性的影响。目前我国国内经济发展迅速,科学技术日新月异,产业结构日趋优化,这些都为高考奠定了良好的经济环境基础。

2. 高考的政治环境

在高考社会环境文化的组成要素中政治环境文化居支配地位,直接调控着高考活动的方向和社会价值。凡与高考活动系统有着某种关联的政治因素,均属高考政治环境的范畴。比如国家体制、国家机构、政治路线、政策法规,人事制度、就业制度、社会流动制度,社会层级结构、社会公平原则、社会秩序等,都是构成高考政治环境的因素。它们对高考活动的运行、发展,在不同范围或不同层面上起着支撑、促进或限制、阻碍的作用。

3. 高考的教育环境

教育环境文化是制约高考活动规模和科学化进程,影响高考活动效率与效益的主要因素之一。它主要包括三个方面的内容:

一是高考所处历史时期教育发展的总体状况,如教育制度、教育体系、教育设施的健全完善程度,各级各类教育的数量、质量及分布状况,教育投资状况等;二是国民平均接受教育的年限和文化素质的整体水平,教育育才与社会发展所需人才的供求状况;三是各级各类高考工作者受教育的程度,以及整个高考队伍接受专业训练和职业素质水平的状况,这些都是高考质量优劣的决定性条件。

近年来,我国大力提倡积极发展职业教育,并逐步扩大对职业教育方向的资金投入力度,这样的教育大背景也促进了高考模式的改革。

4. 高考的科技环境

相对于人类利用高考去实现预期的目的而言,高考是一种满足人及社会发展需求的手段。其科学、先进与否,更新发展的速度和现代化的程度等都取决于高考的科技环境,即人类科学技术发展的总体状况。不同历史时期的科技政策、科技体制、人们利用科技成果改进考试技术手段的能力、最新科技成果在考试技术手段中所占的比重(考试技术手段中的最新科技含量)和使用的普及程度等都是高考的科技环境。尤其在科学技术高速发展的当代,高考的科技环境在很大程度上已直接影响到高考活动目的的实现。

目前较多的科学技术及其附加产品被应用于高考中,如多媒体、信号屏蔽系统、电子扫描仪、摄像头等。

5. 高考的社会意识环境

高考的社会意识环境是高考所依存的精神世界,或者说是与高考活动直接相关的各种精神文明要素的总体状况。其主要内容包括价值观、人才观、高考观、教育观、宗教信仰、民族心理、风俗习惯、道德情操、法律意识、政治倾向、职业倾向、家庭意识、社会责任感,以及对待文化继承、文化渗透、改革创新的态度等。其中最重要的是社会关注度和家庭环境。

就高考而言,它是我国社会关注度最高的考试之一。社会成员将高考看成学生第一次选择职业发展的道路,是成功就业的关键步骤,这样反而降低了高考的教育服务功能。同时,几乎每个家庭也将高考看成子女成才不可忽视的一个因素,事关子女今后的成长发展甚至家庭、家族的兴衰荣辱。[①]

三、高考环境的影响

考生是高考活动的主体,高考环境直接影响着考生的成绩,具体影响包括以下几个方面：

（一）高考环境对考生生理的影响

人对环境有一定的适应过程,这一适应过程因人而异,有的人需要很长时间才能适应考场环境,有的人却能较快适应。但无论考生对高考环境适应过程的快与慢,高考环境都会或多或少地影响考生的考试。例如,随着室内温度的升高,人的主观感觉和客观反应能力也会随之变化,人的体温会随之增高,容易出汗,心率和呼吸加快。当然,低温也会引起人不舒适。温度降到一定的程度,人体会失去血管收缩神经的反应能力,外围血管扩张,从而使体温更加降低；低温会加快新陈代谢,导致心率加快、血压升高。考试环境温度所引起的考生生理上的变化必然会对考生的考试产生较大的影响。此外,高考环境中的灯光、声音等也会对考生的生理产生一定的影响。例如,强烈的灯光照射会使人产生紧张的情绪,而过度柔和的灯光也会让人产生安逸、舒适的情绪,容易导致学生在考试过程中出现过度放松的状态,影响发挥。

（二）高考环境对考生心理的影响

高考效果在很大程度上取决于考生的心理状态,良好的高考心理状态往往会导致考生超水平发挥,使自己的知识和能力得到淋漓尽致的表现。相反,许多考生在考场出现紧张、怯场、注意力分散等不良心理状况,这都会影响考试成绩,严重的可能导致考生水平不能被充分发挥出来。

高考环境对考生心理的影响是非常明显的,因为在不同环境下,考生的心情、情绪、注意力集中程度都会呈现出不同的差异。实验表明,在高温条件下,考生的笔误次数明显高于在适宜的温度下答题。同时,噪声也会引发考生的不安、烦躁、疲劳等。

（三）高考环境对考生思维的影响

高考环境对考生思维的活跃与敏感程度、思维的准确性、思维的创造性等都会产生

[①] 王文成.论当代中国公务员考试权的运行与控制[D].华中师范大学,2008.

明显的影响。在高考环境比较有利的情况下,考生的思维一般更容易活跃起来,尤其是更能够专注于问题,更有可能产生新颖的思想;否则,考生的思维就会出现迟钝。例如,考场的光线会影响学生的考试,光线太差,试卷上内容看不清楚,会影响学生的正常发挥,延迟高考答卷速度,这样也不能准确地反映出学生的学习水平。此外,研究结果表明考试桌椅的座宽、座深、座高、座面、靠背等因素在考试中也会影响考生的思维。在比较拥挤的桌椅和考场上参加高考,考生的思维广度明显受到抑制;相反,较为宽敞的桌椅和考场安排会使考生感觉舒适、放松,敏感度降低,进而思维的创造性也会得到较大发挥。

高考环境对考生的影响,不仅局限于温度、噪声、考场安排等一些客观因素,家庭、社会等因素也会对考生的生理、心理和思维等产生影响。如过高的家庭期望会使考生产生紧张、压力过大等情绪,进而影响高考效果;而过低的期望也会使考生产生敷衍态度,忽视高考的重要性等。①

四、高考环境的基本要求

(一)公平公正

"公平"是指保障法律面前人人平等,避免歧视对待;"公正"是指维护正义和中立,防止徇私舞弊。公平正义是社会文明进步的重要标志,也是和谐社会的核心价值取向。教育公平是社会公平的重要方面,没有教育机会的均等,就谈不上社会公平。②公平公正原则贯穿于整个高考活动过程,从命题、制卷、组考、阅卷、成绩统计中都需要坚持公平公正原则。高考关系着千家万户的切身利益,关系着社会的和谐安定,更应该注重高考过程的公平、公正。

1. 严格依法办事,不偏私

不偏私在高考活动中主要体现为:命题、制卷、监考等与高考活动有关人员不得单方面接触即将参与高考活动的教师、学生和家长,高考人员子女或其他近亲参加高考,工作人员应主动申请回避。同时,还表现在高考考务相关守则的制定是为了保障每个高考考生的切实利益,而非一个或几个人的利益反映。

2. 平等对待学生,不歧视

这也是法律面前人人平等的原则在高考活动中的体现。与高考相关的工作人员都必须平等对待任何人员,特别是考生,不能因其身份、民族、性别、宗教信仰等不同而给

---

① 程德才.加强考试环境的管理[J].新课程(教育学术),2010(09):19-20.
② 吕小强.构建社会主义和谐招生考试环境的探索[J].潍坊教育学院学报,2011(03):6-8.

予不平等的待遇。平等对待与对弱势或特殊群体的照顾并不冲突,譬如我国高考会对少数民族学生、偏远地区学生及残疾学生等给予一定的优待和照顾。

3. 合理考虑相关因素,不专断

相关因素包括法律、法规规定的条件,政策的要求,社会公正的准则,相对人的个人情况、行为可能产生的正面或负面效果等。专断就是不考虑应考虑的相关因素,凭自己的主观认识、推理、判断,任意地、武断地做出决定和实施行政行为。① 由于考试特别是高考,与考生之间有着最为直接的联系,对考生的一生影响重大,因此在高考过程中要充分考虑考生的实际情况,避免因工作人员个人看法等原因对考生造成影响。

(二)安全保密

安全保密是高考的生命线。例如,为保证国家教育考试统一科目高考的顺利实施,我国制定了《国家教育考试考务安全保密工作规定》(以下简称《规定》),在此基础上,又颁布了《国家教育考试违规处理办法》(教育部令第33号)(以下简称《办法》)。按照《规定》和《办法》,高考、成人高考、高等教育自学考试等国家教育考试的安全保密工作,实行"分级管理、逐级负责"的原则,教育部考试中心负责国家教育考试全国统一试卷(含答案及评分参考、听力磁带,以下简称"试卷")的命题、清样制作环节的安全保密工作,并通过机要渠道发送至省级教育高考机构,国家保密局负责对此环节的监督检查;试卷印刷过程中的安全保密由省级教育考试机构和承担试卷印刷工作的国家统一高考试卷定点印刷单位(以下简称"定点印刷厂")共同负责,省级保密部门负责监督检查;试卷的运送、保管由省、地(市)、县(区)级教育高考机构分别负责,省、地(市)、县(区)级公安和保密部门协助配合,在当地政府的领导和支持下,共同做好试卷运送、保管的安全保密工作。

安全保密的高考环境不仅指试题试卷的环境要保密,也涵盖考点、考场、考生的安全。考点、考场是考生高考活动中最主要的场所,考点、考场安全的环境也有助于考生知识、技能水平的正常发挥。比如,扬州对高考安全保密的规定比较典型,规定考点要在高考前、高考中进行清场、封场,禁止无关人员进入;维护考点考场治安秩序,防止发生各类影响高考的事件;同时,还将按照属地管理的原则做好考生住宿点的安全工作,确保集中住宿的考生有良好的生活、学习环境。此外,要加强对考点周边交通、食宿、卫生、通信等秩序的综合治理。高考期间及时处理各类交通安全问题,如涉考车辆违反交通法规,查处过程中要讲究方式方法;各考区外围道路禁止一切载有危险化学品车辆驶入。考生安全工作更是不容忽视,要切实做好高考交通安全、饮食管理安全、住宿管理安全及高考后考生安全防范工作。例如,高考期间学校组织专门车辆负责各个考点学

---

① 崔彦平.论行政公正[J].中共山西省委党校学报,2006(06):52-54.

生接送工作;学校注意学生的饮食管理,防止发生食品安全事故;加强考点、考场周边旅馆等处的安全检查及考生宿舍的检查等。

(三)安静有序

高考活动的主体是考生。安静有序的高考环境主要与考生有关,它有助于考生缓解精神和心理压力,集中精神答题。

高考入场前,要安排考生排队检查准考证、身份证等相关证件,不可嬉戏打闹;高考过程中,考场内要保持安静,特别是英语高考期间,如有必要可关闭电风扇等,保证考场内无噪声;监考人员在高考期间不随意大声喧哗,特别是一些女监考教师勿穿高跟鞋,以防产生噪声等;高考结束后,监考教师收卷完毕后再安排考生有序离场,考生不能在考场内逗留;提前交卷的考生交卷后应及时离开,不对他人造成影响。

安静有序的高考环境不仅包括考点、考场的内部环境,还包括考点的外部环境。高考期间要对考点周边有关路段实行临时交通管制,禁止机动车、人力三轮车进入考区,禁止在考区范围内鸣笛;高考期间各路段也会在紧急状况下优先放行涉考车辆,同时涉考车辆也应按照停放要求停放在指定地点;高考期间途经考点的车辆要注意减速慢行等。

(四)诚信和谐

国有诚信必兴,家有诚信必和,人有诚信必贤。诚实守信是中华民族的优良传统,也是公民的基本道德要求之一,更是每一个参与高考活动的人员应具备的基本素质。高考管理者是实现诚信和谐高考的决定性因素和主导力量,直接影响高考工作的质量。一支相对稳定的高素质高考管理队伍是做好高考工作的前提。目前我国高考工作繁重、任务艰巨、责任重大,必须建设一支讲政治、懂政策、精业务、尽责任、守纪律的高考管理队伍,使高考工作更加健康顺利地向前发展。[1]

同时,也要制定严格的管理制度,对考场违纪舞弊行为形成严厉惩处的高压态势,特别是要重点惩处雇人代考或替考、利用现代通信工具作弊、群体性舞弊等严重高考违规行为,在对违规者进行严厉处罚的同时,也要对因失职、失察,造成考场大面积舞弊等事故的高考工作人员进行通报批评或行政处分,如触犯法律,应移交司法机关追究其责任。发生严重问题的地方,要撤销考点甚至考区的设立资格,并追究有关当事人的责任。

监考是高考的基础性工作,监考人员是监考工作的主要力量,肩负着执行考场纪律、维护考场秩序的直接责任。一支稳定的、服务型的监考队伍是高考顺利组织实施的重要保证。要制定监考员工作质量评估标准,建立健全监考员考评机制。通过评估标

---

[1] 吕小强.构建社会主义和谐招生考试环境的探索[J].潍坊教育学院学报,2011(03):6-8.

准的导向作用,促进监考人员转变指导思想和工作作风,强化服务考生意识,规范高考监考行为,不断提高监考水平和创造和谐高考环境的能力。①

涉考工作人员的管理是确保高考安全的关键。要全面加强对高考工作人员的教育、培训和管理,做好涉考工作人员的选聘和考核工作。高考工作人员未经培训合格不得上岗。要按照具备良好的政治意识、责任意识、安全意识、自律意识的要求,努力造就一支公正廉洁、认真负责、业务过硬的国家教育考试工作人员队伍。对认真履行职责、坚持原则、敢于同违纪舞弊歪风做斗争的工作人员要予以奖励和表彰。要把教师参加高考或执行高考管理的情况,作为对教师师德、品行要求的重要方面。

广大考生是诚信高考的直接受益者,在综合整治高考环境方面也承担着重要的责任和义务。每名考生都应签订诚信高考承诺书,阅读和了解考生守则及高考违规处理办法,自觉遵守高考纪律,这既是诚信高考的承诺,也是诚信教育的重要形式。教育系统要把诚信高考作为治理教育环境的一项系统工程。要对所有考生进行高考纪律专项教育,并把考生高考诚信作为对其思想品德考核的重要方面;要全面综合治理学校教育环境,把考风作为评价学校办学水平的重要内容。宣传部门要加大对诚信、守规、守纪、守法高考的宣传力度,通过全社会的共同努力和有效监督,营造"诚信高考光荣,作弊违纪可耻"的社会风尚。

第二节 高考环境的现状及问题

加强高考管理,创建良好的高考环境,形成良好的高考环境是教学管理工作中的一个重要环节,是加强学风建设、提高教学质量和改善育人环境的需要。近年来,随着改革开放的不断深入,我国教育事业蓬勃发展,高考规模不断扩大,高考种类也逐渐增多,为保证人才选拔的公平、公正和人才培养的高质量,我国从多方面加大高考管理,确保高考活动的顺利进行。在高考环境建设方面,我们从内部、外部及社会环境等多方面加强了建设,但在建设过程中也出现了一些问题。

一、高考政策法令缺乏统一

据统计,目前我国无论参加高考的人数,还是高考的项目与规模,都居世界首位。因此,为保证公平公正、防止高考舞弊等行为的发生,国家针对考务人员和考生违纪行为制定了处罚条例,保障法律法规政策的完善,但从各类法律法规的内容来看,普遍存在以下问题。

---

① 吕小强.构建社会主义和谐招生考试环境的探索[J].潍坊教育学院学报,2011(03):6-8.

(一) 高考立法跟不上形势发展的需要

据统计,我国目前与高考有关的法律法规及规范性文件有很多,其中绝大多数是规章以下的规范性文件,法律位阶低。有些法律中也只规定了高考的名称和目的,至今尚无一部法律对高考的设置、组织实施的规则、高考法律主体的权利与义务等内容做出统一、具体的规定。

比如在教育高考法制建设上,国务院在1988年颁布了《高等教育自学高考暂行条例》,是迄今为止我国层次最高的一部国家教育考试行政法规,但是由于已经"暂行"了20多年,有的规定已经不能对改革开放40多年后的今天的现实发挥规范和指导作用。此外,国家教育委员会1991年颁布的《普通、成人高等学校本、专科招生全国统一考试工作规则》、全国考委1998年颁布的《高等教育自学高考考务、考籍管理工作规则》以及2004年4月中共中央宣传部、教育部、公安部和国家保密局联合颁布的《国家教育类高考安全保密规定》和教育部颁布的《国家教育考试违规处理办法》等,均为部门规章。这些部门规章对规范国家高考行为,维护高考公平公正和应考人的合法权益,保证正常的高考秩序,发挥了重要的作用。但是由于其位阶偏低,法律效力有限,对高考违纪和严重的作弊行为,尤其是有组织、有预谋、精心策划的利用现代科技媒体作弊的行为进行根本性的约束。①

(二) 高考领域存在法律空白

这方面存在的主要问题有:高考设置无法可依,高考设置机关及高考机构的职责不清,权限不明;应考人的权利没有明确的规定,缺乏应有的保障;高考机构及其工作人员为维护正常高考秩序所采取的一些必要措施(如对正在作弊的当事人搜身、收缴作弊工具等)没有法律的明确授权;没有从法律的角度为高考安全提供有力的保障,对高考工作人员、社会人员和应考人的作弊行为缺乏有针对性的法律责任,惩戒的力度明显不足,造成高考作弊成本低,难以有效地遏止高考作弊行为;法律责任体系不完备,对散布虚假高考信息,通过作弊牟利等严重干扰高考秩序,危害高考公平原则和安全的行为缺乏处罚的法律依据,有关部门对高考的监督管理职责不明,工作不到位;对检举揭发高考违规作弊行为缺乏鼓励和奖励性规定;等等。②

(三) 对高考违规行为的处罚标准不统一

由于没有统一规范的国家高考法,各种国家级高考具体实施的依据仅仅是部门规章和政策性文件,致使各高考主管部门在其制定的规章和实施规则中,对高考的管理、

---

① 李化德.论国家考试立法[J].现代法学,2008(05):29-37.
② 李化德.论国家考试立法[J].现代法学,2008(05):29-37.

高考违规行为的处理标准等问题上,规定各异,各行其是,加之彼此之间缺乏沟通和协调,在处罚力度的轻重掌握上存在较大的差异。如《国家教育考试违规处理办法》第九条规定"考生有第六条、第七条所列考试作弊行为之一的,其当次报名参加考试的各科成绩无效"。但又特别规定:"参加高等教育自学高考考生,视情节轻重,可同时给予停考一至三年,或者延迟毕业时间一至三年的处理,停考期间高考成绩无效。"这里显然对参加高等教育自学高考的应考人处罚偏重。由于对同样的高考违规行为处罚标准的不统一,对维护高考的公平和正常高考秩序带来了不利的影响。①

二、标准化考点的硬件、软件建设存在的问题

2011年12月28日,教育部下发了《教育部关于做好国家教育考试标准化考点建设工作的通知》,对高考考点提出了标准化建设的要求。随后,我国各地开始广泛开展标准化考点建设,并取得了较大的成效。

一方面,针对近年来高技术作弊手段的不断出现,各考点都尽量做到"监控无死角"。各考场都配有摄像头,考生的一举一动都会暴露在摄像头前,并且可以通过网络连接自动将考场的视频信号传输到上一级的考务指挥中心。同时,摄像头不仅可以清晰地监控考场内的情况,还覆盖了整个考点。考点的考卷保密室、试卷收发室、装订验收室、考务培训室、考场及其走廊等场所,都可以做到全程监控。譬如,每年高考开考前半小时,摄像头就开始工作,全程记录下考点内所有的声音和图像。监控录像的画面将自动上传和存储,方便对高考全过程进行监控和回放检查。在监控防舞弊的同时,各考点也将屏蔽考场中的无线电信号作为高考监控一项重要内容。考生入场前,监考教师会用信号屏蔽一起进行检查,严格禁止携带与高考无关的任何电子设备。此外,各考点在监考教师的选择上加强管理,避免出现监考教师与考生共同舞弊现象的发生。②

另一方面,尽量做到考点整齐划一。2012年5月,教育部正式要求高考考点设在县级及以上人民政府所在地。每个考点尽量要能够为学生提供最便捷的服务,如卫生间、楼梯等。同时,针对各考场的座位安排也有严格要求。高考座位数按每个考场30人由电脑随机编排,考生座位须单人、单桌、单列排列,间距也应在80 cm以上;每个考场应保证设施齐全,桌椅整洁等。此外,最为重要的是每个考点、考场的高考起止时间应该做到统一。譬如,北京市高考考点每个考场都设有高考广播的播放器,它是全考点同步,同时会根据北京时间自动校正。最后,考点外应急联动。根据《教育部关于做好国家教育考试标准化考点建设工作的通知》的要求,标准化考点涵盖了五大系统,分别

---

① 李化德.论国家考试立法[J].现代法学,2008(05):29-37.
② 何可.标准化护航高考考点[N].中国质量报,2012-06-07.

是:高考综合业务系统、视频及网络监控系统、考生身份验证系统、作弊防控系统、应急指挥系统。根据这一要求,标准化考点除了考点内要装备齐全,考点外同样需要为应对各种突发事件做好准备。特别是在高考期间,各考点外通常会设置急救车辆,120 急救中心还安排物资供应车、通信指挥车、急救摩托车等组成的应急分队,随时待命。①

标准化考点建设取得成效的同时,也凸显了一些问题。从硬件设施建设方面来看,由于各地经济条件存在差异,造成各考点、考场建设无法完全做到"标准化、整齐化"。例如,在一些经济发达地区,考场内环境良好,考场桌椅整洁,空调、风扇等设施齐全,而一些经济欠发达地区,考场内采光条件较差,监控设备不完善。从软件设施建设方面来看,一些地区监考教师素质高,能够充分做到认真监考,而一些地区少部分工作人员期望考点管理不要太严格,从而可以达到自己的"乐于助人"的目的,或者获得轻松愉悦的心情,不要太辛苦;个别领导指望考点监考能放松,能够有更多的考生出线,从而给自己的政绩加分。同时,在监考过程中缺乏激励措施。如果监考人员违规,就会有一系列的处罚措施,但是,对于在监考过程中做出成绩的人员,缺乏激励措施。②

三、考点周边环境治理力度加大

近年来随着经济发展水平的逐步提升,社会各界对各类高考的关注度也逐渐增高,与此同时,为保证各类考生高考水平的正常发挥,考生及其家长对考点周边环境的要求也逐步提高。特别是高考前夕,为给考生营造一个整洁、有序、安静、安全的市容环境和出行环境,各地区开始对考点周边环境进行大规模的整治,环境整治主要围绕噪声、治安、交通及卫生四个方面开展。

针对考点周边噪声问题,公安部门一方面加强警力,对考点门前路段实行临时交通管制,设置禁鸣喇叭牌;另一方面加强对考点周边的临时摊位、茶座音响、建筑工地及KTV 等娱乐场所的噪声整治,给考生营造一个安静的休息环境。例如从 2012 年 6 月 1 日起,长沙市雨花区城管部门在全区周边开展市容环境集中整治行动,尤其是对雅礼中学、地质中学、长沙市 21 中三个考点学校周边各种建筑施工工地进行重点查处,规范作业时间,减少噪声污染。考前考点周边禁止夜间(22:00—次日 6:00)进行产生环境噪声污染的建设施工作业,高考期间全天候严禁生产有噪声污染的企业作业,确保学校、居民小区周边及主城区内的市容秩序和环境质量良好,切实为广大考生营造一个安静、有序的复习和高考环境。

针对治安问题,各部门联合对高考考点及考场的校舍、消防、设备悬挂、周边道路交

---

① 何可.标准化护航高考考点[N].中国质量报,2012-06-07.
② 孙军.标准化考点建设之浅见[J].教育与考试,2012(05):5-10.

通状况等集中进行安全检查,并对考点周边的乱停乱放、无照经营、店外经营、"黑摩的"非法营运等违法行为进行联合整治,营造良好的考前氛围。针对交通问题,公安和交通部门为保证考生乘坐车辆快捷、通畅,确保考生以最快的速度到达考点,为考生赢得更多的休息和考前准备时间,禁止考点门前路段车辆驶入,为考生提供安静、安全的高考环境。例如2013年高考期间,长沙城区12个高考考点周边实行交通管制,禁止与高考无关的机动车辆通行,并要求接送考生车辆即停即走。

针对卫生问题,城管、工商将加大对考点周边秩序的管控力度,重点治理学校周边流动摊点、占道经营等违章行为,同时对城区内各类电子产品市场进行检查,凡发现无照经营的、销售涉嫌用于高考作弊的"三无"电子产品等违法行为,以及进行相关虚假宣传等涉嫌违规行为,都要依法查处。此外,一些发达地区的无线管理部门也运用科学手段加强对无线信号的监测,防止不法分子利用高科技手段作弊。

四、社会对高考环境要求过分提升

高考,对于党和国家而言,是公平公正地鉴别人才和选拔人才的手段,是执政党实施科教兴国、人才强国战略的重要措施,是确保高等教育健康发展的重要基础和关键环节。在现代社会,高考与个人的前途命运息息相关,成为社会高度关注的热点和焦点。陈至立同志曾指出:国家教育考试是选拔人才的重要方式,是关系人民群众切身利益和社会稳定的大事。从这个意义上讲,高考关系国计民生大局,乃民生之本,在我国社会生活、政治生活及人民满意教育、促进和谐社会构建中具有举足轻重的地位。因此,社会各界对各类高考的关注度逐渐提升。

政府从政策法令多方面加强对高考的管理。例如,2012年元月正式颁布了《国家教育考试违规处理办法》(教育部令第33号),以此来应对当前违规、违纪及考场管理形式不佳的问题。而队伍建设的成效,则直接体现了制度的落实情况。在队伍建设方面,《国家教育考试标准化考点规范(暂行)》对人员选聘与培训提出了明确的规范要求,并提出"工作人员履行岗位职责情况列入其年度考核、晋职晋级的参考依据",借此严格要求各层级的管理工作落实到位,期望通过考点工作人员、各级巡视督察人员的规范化、精细化工作,大幅度降低国家教育考试的违规违纪现象,牢牢巩固国家教育考试的权威地位。① 与此同时,一些部门也采取有效措施保障高考工作的顺利进行。如交通部门会在高考期间加强道路疏通工作,工商管理部门针对高考用品等进行检查。例如,2013年6月湖南省永州市工商局在检查高考考点周边消费环境的工作中,重点对食品、文具市场进行全面检查:对无营业执照经营食品、文具等违法经营行为依法予以取缔;对销

---

① 孙军.标准化考点建设之浅见[J].教育与考试,2012(05):5-10.

售假冒伪劣食品和铅笔、钢笔等高考常用的重要文具的行为,立即依法收缴封存,立案查处。防止假冒伪劣食品、文具影响考生正常高考。为方便考生及时投诉维权,东安、新田县工商局还在考场周边消费场所悬挂了12315消费维权警示牌,提醒考生发现和购买了假冒伪劣食品、文具,及时举报投诉,维护自己的合法权益。此外,社会群体、考生家长也逐渐提升对高考的关注度,陪考现象日渐盛行,也促进了考点周边宾馆、餐馆等的兴盛。

随着高考大众化的日渐兴盛,社会各界对高考的关注度逐渐提升,特别受中国"望子成龙、望女成凤"传统思想的影响,对考生寄予了更高的期望,也引发了对高考环境的过度要求。一些考生在高考期间希望监考教师不要走动过多,认为监考教师的走动会增加考生的心理负担,影响考生水平的发挥;部分考生会要求考场内温度、光亮等需求都能够得到满足,特别是高考考生希望考场环境能尽量与日常教室环境相同。其次是对考点外环境的要求。这主要体现为考生家长的要求。例如,2012年高考英语听力高考期间,南京市某考点道路上,一群考生家长排成一排,迫使往的自行车、电动车等绕行。这样的行为在满足考生高考环境要求的同时,也影响了当地的道路交通管理。此外,一些考生家长的过度关注也造成考生压力过大,甚至出现过激行为。

五、高考舞弊现象仍然在一定程度存在

考风考纪是直接影响考生成绩、影响考生未来发展、影响考试的公平公正的重要因素,也是间接影响国家考试的质量甚至教育质量的重要因素。近年来,为规范考风考纪,国家、社会、学校等纷纷采取各种措施,减少高考违法乱纪行为的发生。但在当前高考活动中,高考舞弊现象仍然普遍存在,主要表现在以下几个方面:

(一)夹带

这是一种常见而传统的舞弊形式。由于时代的发展,夹带内容更加丰富,夹带形式也更加现代化:一是夹带手抄资料,书本复印缩小的资料;二是把资料抄在桌椅上,抄在手掌、胳膊、大腿上等;三是夹带微型电脑资料,把微型电脑以多功能计算器或时钟名义夹带,蒙骗监考人员。

(二)换卷

一般是考生双方交换试卷进行交换答题,另外两种情况是考生在试卷上互写对方的姓名和考号,或是在高考结束前,考生将已交卷考生试卷改写自己的姓名、考号,而自己的试卷则写上他人的姓名、考号。这类作弊方法在当前高考中几乎不存在,但在一些监考设施不完善、监考教师素质不高的地区换卷现象仍是存在的。

(三)偷看

这也是一种极为普遍的作弊现象,主要是故意窥视其他考生答案和其他考生主动

提供答案让其他考生窥视。随着监控技术在高考活动中的普遍应用,高考偷看行为逐渐减少,但仍有一些考生存在侥幸心理,偷看他人试卷。

(四)传递

考生之间临考前有意商量,互通信息,其一是同考场内的考生通过一定的手势(或动作)和传递纸条的方式;其二是考生通过通信工具将答案传递给其他考生,这种方式近年来呈上升趋势。

(五)代考和替考

这种舞弊现象在成人参加的高考中尤为突出,主要是找他人代考和自己为他人替考,这种现象既有好友、亲戚直接参与的又有雇用他人代考的。

(六)考生与监考人员共同舞弊

这种舞弊现象影响恶劣,性质特别严重。一是监考人员玩忽职守,监外不监内,视考生违纪舞弊而无睹;二是有计划、有预谋将场外高考信息传入考场内。2011年,湖南省岳阳市当地群众举报岳阳成人高考出现代考现象,此事经有关媒体报道后,岳阳市委、市政府高度重视,立即组织公安、教育、监察等部门组成联合调查组进行调查。经查实,共查出与考生身份不符而终止高考的734人,开考后再次进行身份核验共查出代考的180人。

(七)利用现代通信工具进行高科技作弊

这种作弊现象日益严重,作弊产品日益更新,技术手段不断提升,对国家教育考试的安全保密和组织管理、招生秩序等构成严重威胁。2014年,哈尔滨理工大学考点附近出现了不止一个"作弊电波",在后期调查中发现,该校有违规行为,包括该校MBA中心违规与北京智恒知艺术培训中心合作从事招生活动,并派教师去北京现场确认考生资格,考场未严格执行相关监考规定等。①

第三节 高考环境的治理及保障措施

综合整治高考环境文化,是建立诚信社会氛围的迫切需要。国家教育考试是国家选拔人才的重要方式和人才培养的关键环节,诚信高考是学生道德规范和思想品德教育的重要内容,考风考纪是社会诚信的重要组成部分和社会风气的直接体现。高考环境文化关系到一代青年的健康成长,关系到选拔优秀合格的专门人才,关系到科教兴国和人才强国战略的实施。因此,加强综合整治,营造良好的高考环境,对建立诚信社会,

---

① 孙秀芳.加强考风考纪,净化考试环境[J].内蒙古煤炭经济,2012(03):16-17.

实施人才强国战略意义重大。

近年来,由于种种原因,高考环境文化建设和考风考纪方面存在一些突出问题,直接威胁了高考的权威性、公正性和严肃性。对高考环境开展综合整治,努力构建和谐高考环境文化,已经成为当前一项十分重要而紧迫的任务。

一、提高思想认识

国家教育考试是国家教育基本制度,是维护教育公平、社会公正的重要手段,关系到各类人才的选拔,关系到千家万户的莘莘学子感情所系、信任所系,是涉及人民群众根本利益的大事,容不得有丝毫懈怠和疏漏。特别是近年来随着社会对高素质人才需求数量的增多,更反映出高考的重要性及必要性,同时也对高考环境提出了新的挑战。同时,高考理念也从最初的强调选拔、分流功能发展到注重评价功能,从管理本位向以人为本、以学生发展为本的价值观念转变,这些观念的变化也对高考环境的重建提出了新的要求。

因此,社会各阶层特别是高考部门、各学校、考生家长等应充分认识高考环境的重要性,努力构建和谐的高考环境。就各级高考部门来说,随着高考种类和高考人数的不断增加,高考部门应本着"公平、公正"的原则正确对待并充分尊重各类高考,并加强对各类高考的宣传力度,鼓励社会成员参与各类高考,提高个人知识及技能。就目前来看,普通高考在我国各类高考活动中占有重要地位,也备受各高考部门的关注。但其他类高考由于人数、类别等限制受关注较少,舞弊现象偏多。因此,各高考部门在关注普通高考的同时,应公平、公正地对待其他各类高考,杜绝高考舞弊现象的发生。

各级、各类学校应转变传统的评价观念,在关注高考的同时,注重学生平时成绩的考评。就考生及考生家长、社会关注度而言,要转变传统的高考观念。考生及考生家长普遍认为本科院校特别是双一流院校等才是考生未来发展的主要出路,是考生成长成才的基础保障。但就目前社会就业现状及社会人才需求来看,高素质的技术技能型人才需求不断扩大,社会行业、企业对员工的实践操作技能要求逐步提升,以理论知识学习为主的本科院校正面临着学生实践水平不高、操作技能不强等问题,相反一些高职院校学生就业状况及前景较好。这就要求考生及家长要转变传统的思想,在知识掌握的同时,也要注重学生实践能力、技能的培养;同时,"三百六十行,行行出状元",转变传统的"名校"思想,减轻学生学习的压力、负担,避免一些恶性事件的发生。

因此,各组考机构、学校在鼓励学生努力考取各类大学的同时,也应该针对当前就业现状及形式开展学生报考辅导咨询工作,使得考生和家长能够了解当前就业形式,合理、恰当选择学校、专业。例如,湖南省在高考院校报考期间会组织工作人员对本年高考形式、高校毕业生就业现状等进行调查分析,并将这些信息放置于不同的网站上供考生和家长参考;同时,各学校也会组织一些高考报考咨询会,为考生和家长排忧解难。

二、加强诚信教育

孟子曰:车无辕而不行,人无信则不立。诚实守信是中华民族的优良传统,也是公民的基本道德要求之一,更是每一个考生应具备的基本素质。高考需要诚信,作弊不仅是对自己能力的否定和蔑视,更是对良好学风、考风的亵渎;树道德之新风,立诚信之根本,当诚信考生,做文明公民,既是时代的需要,更是做人的道德底线。① 2012年年初怀化一所小学专门为三到六年级学生分别设置了"诚信考室"。先由学生自己提出申请,每班10个学生到诚信考室考试。考试前,该校组织全体诚信考生进行培训,要求学生签诚信承诺书,并进行宣誓。考试中,诚信考室在无教师监考的情况下,学生能自觉遵守纪律,无违纪现象发生。

教育公平是社会公平的重要方面,没有教育机会的均等,就谈不上社会公平。而入学机会公平又是教育公平的起点和核心环节。多年来的实践证明,高考是实现入学机会公平的重要方式,社会认可度高、信任度高、期望值高。但是,每年出现的"高考移民"现象,乱招生、乱办班、乱收费、违纪舞弊等现象及社会上对高考最新名词"裸考"的评论,说明了在现行高考中确实存在着不公平、不公正现象。而每年各省、市招生计划指标、分数线高低、录取率问题引发的"高考移民"现象是由于高考政策的制定造成的不公。"高考移民"是伴随高考录取分数线地区差异出现的现象。"高考移民"大都从考生较多、高校较少、录取分数线较高的地区向考生较少、高校较多、录取分数线较低的地区流动。其中,北京、上海、新疆、海南成为流入省区,而河南等人口大省则为流出大省。"移民"成功者可以得到几十分甚至上百分的录取"实惠"。同时,伴随着高考中存在的问题,还出现了成人高考移民、中考移民、初中移民,甚至小学幼儿园择校等问题,由此引发的一系列社会问题,与构建和谐高考、和谐社会极不相称。② 这些现象、问题等都指出在和谐高考环境建设过程中要注重诚信教育,关注教育公平、高考公正等问题,坚持以人为本,坚持对学生负责的态度,坚决杜绝高考移民等现象。这就要求在高考活动中要做好与高考活动相关人员的诚信、公平教育工作。高考前夕,除了对考生进行诚信教育及签订诚信高考协议书以外,也要对考生家长、监考人员等进行诚信公平教育。例如,高考前夕组织考生家长召开家长座谈会,针对高考舞弊行为及处罚等进行宣传,提

---

① 吕小强.构建社会主义和谐招生考试环境的探索[J].潍坊教育学院学报,2011(03):6-8.
② 广崇武."阳光工程"让广大考生受益[J].中国考试,2005(05):4-5.

醒家长注意考生行为,减少舞弊现象发生;同时也要对考生和家长进行公平教育,使其认识到高考移民等行为是一种自私的行为,会对其他考生产生不良影响。此外,还要加强对监考等考务人员的诚信教育。

三、建设相对稳定的高素质高考管理队伍

高考管理者是实现和谐高考的主导力量,直接影响高考工作的质量。一支相对稳定的高素质高考管理队伍是做好高考工作的前提。加强高考管理队伍建设既是高考工作的长期要务,也是当前高考工作面临的急务。就目前招生办承担的高考任务来讲,高考种类多、工作繁重、任务艰巨、责任重大,必须建设一支讲政治、懂政策、精业务、尽责任、守纪律的高考管理队伍,使高考工作更加健康顺利地向前发展。[①] 高考管理队伍主要包括各省、市等不同层次的考试部门及考务部门等的工作人员及监考教师等。针对这些人员的管理应定期组织学习活动,使其了解并掌握各类高考活动的时间、要求等,以此合理对其进行安排。譬如,每年高考前夕,政府会对该年高考进行组织安排,各省、市及其以下的高考部门要认真组织工作人员学习贯彻落实国家政策要求,认真组织高考活动,确保高考顺利进行。

监考是高考的基础性工作,监考人员是监考工作的主要力量,肩负着执行考场纪律、维护考场秩序的责任。一支稳定的、服务型的监考人员队伍是高考顺利组织实施的重要保证。因此,要制定监考员监考工作质量评估标准,建立健全监考员考评机制,通过评估标准的导向作用,促进监考人员转变指导思想和工作作风,强化服务考生意识,规范高考监考行为,不断提高监考水平和创造和谐高考环境的能力。[②]例如,从2012年开始,湖南省高考监考人员与考生一样进行严格安检,在考务办公室进行,由考点主考负责监督。同时要求设立从考务办公室到考场的"封闭式"专用通道,安排专人在重要位置值守,监考人员通过专用通道径直进入考室。

教育部是各类高考的主要组织部门,对各级各类的高考部门有着监管职责,各高考部门是各类高考活动的主要负责人,因此要加强各级各类高考部门的管理工作,建设一支素质高、责任强的高考管理队伍。各高考管理部门要认真履行部门职责,坚持为考生服务、为社会服务的原则,认真贯彻落实国家各项关于高考的规章制度等。例如,我国各省、市高考管理部门建立部门网站,定期上传国家相关高考政策等信息,同时针对考生问题进行解答等。湖南高考信息港是由湖南省教育高考院主办的服务网,该网站在

---

① 吕小强.构建社会主义和谐招生考试环境的探索[J].潍坊教育学院学报,2011(03):6-8.
② 吕小强.构建社会主义和谐招生考试环境的探索[J].潍坊教育学院学报,2011(03):6-8.

发布招考动态等信息的同时,也会针对当年招生规模、就业现状等问题为学生报考提供方向指导等。

四、坚持依法治考、从严施考

考风考纪是高考工作的生命线,是确保高考公平、公正的关键,事关社会的安定和考生的利益。考风考纪直接影响国家教育考试的威信和质量,也影响一个地区的社会风气和道德风尚。近年来一些地区发生的高考舞弊事件引起了党中央和社会各界的广泛关注。教育部颁发了《国家教育考试违规处理办法》和《教育部关于实行高等学校招生工作责任制及责任追究制暂行办法》等,加强了对考风考纪的整治。各省、市、县、各级政府、教育行政部门也层层加大考风考纪整肃力度,各方面都形成了高压态势。目前,考风考纪建设仍是国家教育高考工作重中之重的要务。几年来,通过高考环境的综合整治,普通高考、成人高考、自学高考等的违规、违纪得到了有效控制,考风考纪建设取得了可喜成绩。[①]

但近年来随着科学技术水平的不断提升,各式各样的作弊工具频频出现,增加了高考管理的难度,"高考移民"现象的增加也影响了高考公平等。这就要求我国各部门要通力合作,加强高考管理,坚持严肃考风考纪,依法治考、从严施考,共同建设良好、和谐的高考环境。

首先,国家及各省市要加强相关法律法规文献等的制定及完善。制度建设是高考环境建设的基础,也是建设和谐高考环境的基本保障。例如,教育部颁布了《国家教育考试违规处理办法》(教育部令第33号),湖南省也相应颁布了《湖南省普通高校高考考生违规行为认定及处理程序》等规章制度,有助于规范普通高校高考违规行为的认定和处理,维护国家教育考试的公平、公正。

其次,加强技术监管,确保教育公平。近年来,各类高考作弊工具及行为逐渐增加,表式、笔式作弊工具,隐性耳机等逐渐被应用于各类高考活动中,代考、替考等逐年增加。这就要求高考管理部门要加强高考管理技术监控及提升工作,防止类似现象的发生。

最后,注重招生管理人员及监考人员的廉政建设。考题泄露、监考不严是近年来高考管理工作中常发事件,国家虽然已经从制度、法规等方面加大了监管、惩治力度,如教育部官方网站发布了《高等学校招生全国统一高考考务工作规定》(以下简称《规定》),《规定》指出,普通高考监考员不得由高三任课教师或班主任担任。但此类事件仍时有

---

① 吕小强.构建社会主义和谐招生考试环境的探索[J].潍坊教育学院学报,2011(03):6-8.

发生,部分监考教师甚至与考生共同作弊,严重影响考场纪律。因此,针对监考人员舞弊行为,应在法律法规方面进行严惩的同时,加强监考人员道德及职业素质教育,提高监考人员的整体素质及水平,维护并构建和谐的高考环境。

五、加强组织领导、形成工作合力

高考管理工作需要各部门的统筹协作,就高考环境方面,需要教育、工商、卫生及交通等多个部门的统筹协作,各部门要明确职责,密切协作,形成齐抓共管的工作格局。

高考部门要注重维护高考公平,坚持构建和谐的考场内部环境,注重主考、监考等工作人员行为的监督管理工作。例如,在高考前夕,高考部门都会专门召开高考工作会议,针对考场选取、考点布置等工作进行沟通协商,制订切实有效的措施,切实保证高考相关的各项工作的开展。例如,湖南省每年都会召开高考工作电视电话会议,会议对上一年全省高考工作进行了全面总结,对即将到来的高考工作进行了全面部署和动员,卫生、工商、公安、交通等相关部门的人员都会参会,共同协商。

(一)卫生部门

卫生部门主要要做好考点、考场周边饮食卫生管理工作。我国高考安排在夏季,且夏季因高温等造成食物腐败变质较快,部分小吃店、饭店等为增加效益而选用一些廉价变质的食材进行售卖,这些都会对顾客的身体健康产生不良影响。腐败变质食物会直接影响考生的身体健康,影响考生正常水平的发挥。因此,卫生部门要在高考前夕做好考点、考场周边的饭店等的环境卫生监察工作。同时,卫生部门也应提醒广大考生注意高考期间的个人饮食问题,避免辛辣、油腻等食物。此外,卫生部门应组织急救车辆在考点外等候,以防发生突发事件。

(二)公安、交通部门

公安、交通部门协作,疏通交通,保证安全、快速的高考通道。近年来,私家车辆增多为考点周边交通环境建设提出了挑战,我国各省、市为保证高考的顺利进行,交通及公安部门共同做好考点交通疏导工作,为考生开辟"绿色通道",确保考生方便出行,顺利参考。如2014年高考前夕,湖南省教育考试院与公安、交通等部门通力合作,开展专项整治行动。其中一项重点工作就是开展"打击销售作弊器材"专项行动。同年5月,教育部门会同工商、公安、无线电管理等部门,对通信电子产品市场(或利用网络)发现的无证或超范围经营等存在违法违规行为的商家,以及对存在各种虚假宣传、诈骗等涉嫌违法违规行为的培训中介机构开展专项整治行动。另一项重点工作是开展"净化考点周边环境"专项行动。各地教育、公安、无线电管理等部门,根据所有考点分布情况,对考点周边环境进行检查和清理。公安部门在考前和考中对考点周边进行巡逻检查,

第七章　高考环境管理

维护考点周边治安和交通秩序。

（三）无线电管理部门

针对运用无线电进行作弊的行为，高考管理部门与无线电管理部门合作，做好高考前、高考中无线电监管工作。2014年高考前期，湖南省教育部门与无线电管理部门共同开展"净化涉考网络环境"专项行动。从高考考前、考中，一直到考后的录取期间，有关部门安排专人值班，重点对网络及其他渠道散发的干扰高考秩序、危害高考安全的有害信息进行实时监测和处置，及时发布预警信息，依法查处虚假宣传、诈骗等违法行为。无线电管理部门根据当地实际需求，采取有效技术手段，严密监测重点地区考点周边的电磁环境，对涉嫌高考作弊的无线电信号及时予以定位和查找，重点打击考点内外串通涉嫌利用无线电设备实施高考作弊等违法违规行为。

（四）工商部门

高考用具是考生参加高考必不可少的工具，对考试产生直接影响。近年来，电脑阅卷的应用对高考用具提出了要求，其中要求学生填涂答题卡必须使用2B铅笔，学生答题必须使用0.5 mm的黑色墨笔等，但一些厂商制造的高考工具无法满足电脑阅卷需要，直接影响了考生高考成绩。因此，高考前夕，工商管理部门要对各考点周边的文具店等进行检查，坚决查收不符合标准的高考用具。同时，工商管理部门应注重宣传工作，提醒学生选择质量较好的高考用品，同时为避免影响高考，可多备高考用具等。

六、进一步落实"阳光工程"

高考"阳光工程"是湖南省招生部门推动构建的，以公平公正为核心、制度建设为基础、信息公开为重点、严格管理为根本、优质服务为依托、有效监督为保障的一项系统工程，其工作重点是完善和建立以招生政策公开、高校招生资格及有关考生资格公开、招生计划公开、录取信息公开、考生咨询及申诉渠道公开、重大违规事件及处理结果公开等"六公开"为主要内容的信息公开制度，在高考报名、高考、录取过程中，全面、准确、及时地向社会发布相关信息。[①]

"阳光工程"是落实高考公开、公平、公正的一项重要创新，实施"阳光工程"，是综合整治高考环境、办好人民满意高考的重要举措，是维护高考声誉的重要举措，也是招生战线为贯彻落实公平公正原则，公开透明构建社会主义和谐社会所精心设计和实施的一项重大工程。

在高考中实施"阳光工程"是高考形势发展的需要，是维护高考公平、公正的需要，

---

① 广崇武."阳光工程"让广大考生受益[J].中国考试,2005(05):4-5.

是反腐倡廉的需要。它体现了"权为民所用、情为民所系、利为民所谋"的真正含义。这是在高考领域内,为构建社会主义和谐社会做贡献而铺出的一条教育公平的新路。教育部针对以后高招工作面临的新形势、新任务,要求各地以办人民满意的高考为宗旨,实施高校招生"阳光工程",意义十分重大。"阳光"是最好的防腐剂,"阳光工程"的实施,从考生报名、高考到录取,环环相扣,公开透明,让那些"暗箱操作者""黑中介""腐败分子",不敢在阳光下肆意妄为,为非作歹。这样可从根本上保障招生系统的廉洁自律,真正做到"立党为公,执政为民",也能有利于强化社会对招生工作的监督,有利于预防和遏制招生腐败,有利于公平公正原则的实施,能切实维护高考"净土"的声誉。[①]

七、完善高考预警机制建设

高考是有关考生及其家庭的切实利益,是不允许出现丝毫差池的大事。因此,为确保高考活动的顺利进行,应制定高考应急预案,做到防患于未然,及时有效地处理各类突发性事件,预防各种事故的发生。譬如,针对高考期间的各种偶发事件,相关部门制定了数十种突发状况的处置办法。如果遇到雷雨天气,考生可先进入阶梯教室、体育馆等场所,考点派出工作人员进行管理,维护秩序,做好组织工作。如果打雷影响外语听力高考,经听力鉴定小组确认,可从打雷前一道题开始,重新播放。听力高考过程中,如果出现计算机故障、听力文件损坏、考点突然断电、广播设备出现故障、个别考生举手示意听不清或拒不交卷等六种情形,考点主考人员有权立即启用备用计算机、备用光盘,对出现故障耽误的时间,由主考人员请示市招生办,可以顺延高考结束时间。

同时,为防止各类事件发生,应提前做好预案。如为防止考生突发疾病情况的发生,学校要要求考生多喝开水,不吃生冷食品,注意适当放松,多休息;一旦发生考生生病(如拉肚子、发烧等),送考教师要及时把考生送到相应的医护人员处诊治,如果问题比较严重,应立即送到医院就治。此外,一旦发生考生没有到达考点事件,送考教师要立即用电话联系该考生。如果电话联系不到,送考教师以最快速度与带队负责人及家人联系,由带队负责人或家人火速前往其住处,必要时请求110支援。针对高考期间堵车情况,考生可求助交警。如果遇准考证、身份证等高考必备品忘带,带队教师要在第一时间与其家人取得联系,并火速陪同考生返回取物,必要时请求110支援。

第四节 无纸化考试与高考环境管理

随着计算机技术的飞速发展,无纸化考试得到了进一步实施,目前已经完全可以满

---

① 广崇武."阳光工程"让广大考生受益[J].中国考试,2005(05):4-5.

足绝大多数考试的要求。无纸化考试的实施,有利于建设更科学、更人性化的考试环境,打造绿色、科学、高效的考试环境文化。目前,无纸化考试还无法在高考中推广,但可以作为未来高考的一种趋势加以探索和研究。

一、无纸化考试概述

(一)无纸化考试的含义

无纸化考试是在计算机上进行的考试,由计算机从已建立的题库中调题组卷,考生一人一机一卷,根据显示的题目用键盘或鼠标输入答案,考试结束后,计算机自动阅卷、评分、统计及分析等。采用无纸化考试,一是可以把除文字之外的更多的媒体形式,如图片、声音乃至必要的动画和影视,通过屏幕呈现在考生面前(这是传统考试方式所无法实现的),从而可改变考试面貌,丰富考试内容,提高考试质量。二是可以充分利用网络的优势,通过网络来进行考试,不必在单机上逐一安装考试软件(现在很多计算机上进行的考试系统仍采用这种方式),终端只作为考试平台,出题、评分、判卷和考试分析等工作均由服务器来完成,大大减轻了考试工作的劳动强度,同时也将使考试的公平性和严密性更有保障。无纸化考试系统应具有良好的通用性,各专业和学科均可以使用无纸化考试系统实施考试。[1]

(二)无纸化考试的优点

无纸化考试的试行和广泛应用对考试活动起到了积极的推动作用。

1. 促进教育观念的转变

无纸化考试这种新型考试方式,本来就是对传统笔试、口试的一种冲击。长期以来教学质量的好坏、学生学习水平的高低,唯一检测方法就是通过笔试考试的办法,后来随着教学改革的不断深入,逐渐在较小范围内的考试中增加了面试、口试和听力考试的形式,但所占分数比例都很小。中考、高考、硕士研究生和博士研究生考试基本上都采用笔试考试的办法,因此考试不仅是教学质量和学习水平的测试方法和过程,更重要的是它已经变成教学的指挥棒。无纸化考试完全脱离笔试考试的办法,目前主要采取操作计算机,通过人机对话实现测试学生学习水平的目的。这种考试方法要求学生不仅有理论知识基础,还要具备熟练操作计算机的技能,可促使学生在平时学习的过程中既学好理论知识,也学会理论联系实际,提高动手能力。[2]

---

[1] 陈明.无纸化考试系统综述[J].计算机教育,2007(05):12-15.
[2] 马兵.浅谈无纸化考试[J].中国电大教育,1999(08):37-38.

2. 有利于教学模式的转变

无纸化考试有利于教学过程从以教师为主体向以学生为主体的转变。多年来的课堂教学都是教师讲,学生听,教师讲什么,学生就听什么,课堂上教师说了算。无纸化考试要求学生不再是教师的"小绵羊",在理论联系实际的过程中会遇到很多以前不曾遇到也不曾想过的问题,他们必须独立思考,独立解决。学生要学习、掌握更多的课本以外的知识,他们要向教师提出很多问题,需要师生共同研究。教学过程以教师为主体的局面必然会被打破。①

3. 真正体现对学生学习成绩检测的公平性与真实性

无纸化考试的试题题量丰富、覆盖面大、难易程度配比合理、评分准确。每套试题是由计算机随机产生的,对每个考生都是公平的。同一时间考生所面临的试题都不是相同的,杜绝了考生间的作弊现象,考生只能是独立完成考试,因此考试成绩是真实的。②

4. 在客观上起到以考促教、以考促学、以考促考的效果

无纸化考试比以往普通的考试对学校组织教学、对学生平时自身学习、对考试的组织都提出了更高的要求。因此无纸化考试可以促使学校加强教学管理,改革教学方法,增加实践环节,改善教学支持服务,促进学生自主学习,全面提高学生素质,促进考试实施技术发展,提高考试管理的技术含量,从根本上保证考风考纪好转。③

(三)无纸化考试的缺点

现阶段无纸化考试的不利因素也不少,其不利因素主要体现在以下几个方面:

1. 环境限制

因硬件设备的限制,目前还不能做到让所有学生同时进入考场同时答题,往往都要分成许多批次进行,这无疑会拉长考试的"战线",如果考试内容相同,则对先参加考试的考生就非常不公平。因此,这种情况就只能借助于考试内容的多样化来尽量保证公平性。

2. 前期准备工作量过大

为了让考试不缺乏公平性,就要让考试系统灵活组卷,生成若干套试卷。虽然当前的考试系统多数都具备自动组卷的功能,但这就给前期准备带来了很大的工作量,必须

---

① 马兵.浅谈无纸化考试[J].中国电大教育,1999(08):37-38.
② 马兵.浅谈无纸化考试[J].中国电大教育,1999(08):37-38.
③ 马兵.浅谈无纸化考试[J].中国电大教育,1999(08):37-38.

花大量精力去建立题库,选择合适的内容并录入题库,费时费力。

3. 主观性试题无法进行机器阅卷

因为无纸化网络考试系统是计算机组卷,计算机阅卷,所以存储在题库里面的题大都是客观性试题,计算机不能对答案不唯一的主观性试题进行阅卷,还需要人工阅卷,这给教师带来很多的不便,这就成为无纸化网络考试系统的缺憾,致使很多的主观性试题不能在系统上实施。

4. 在考试过程中不确定因素多,容易导致考试失败

无纸化网络考试会受到计算机、供电、软件及网络等方面的影响,由于一切操作都在计算机上进行,所以对计算机、供电系统和网络稳定性要求极高。如果在考试中途遇到计算机死机、停电或者网络出现问题,就会导致考试失败。

5. 设备的资金投入量大

实现无纸化网络考试需要投入大量的资金用来购买设备、应用软件等。由于经济发展的不同,很多地区无力批量购置设备,同时计算机行业发展快、更新快,部分学校无法承担这些经费的投入。并且多数的无纸化考试要以网络为平台来构建,这就增大了实现的难度。[①]

二、无纸化考试环境

(一)无纸化考试环境的含义

无纸化考试环境是指在网络和现实环境基础上搭建的新的考试环境。无纸化考试环境不仅包括传统考试环境中的试卷编写、运输、发放及回收等过程,同时增加了试卷的录入、考试系统的安装和升级等。

无纸化考试环境一般由硬件环境、软件环境和网络环境、网络信源等组成。硬件由服务器、网络设备线路和客户机组成,软件由支撑软件、考试软件及网络信源等组成,整个环境依赖 WAN 和 LAN 完成,主要通过 WAN 完成数据的下载与上传,考生主要通过 LAN 为客户端现场进行数据处理,从上到下是一种总线型网络系统环境。[②]

(二)无纸化考试环境的优点

无纸化考试环境与传统的考试环境相比,其有利因素主要体现在以下几个方面:

---

① 张文英.改革考试方式,构建无纸化考试平台[J].语文学刊(外语教育与教学),2010(05):134-135.
② 邓丽芹.浅谈会计从业资格无纸化考试环境的搭建[J].现代企业教育,2013(24):1.

1. 客观公正的考试体系，减小了试题泄露的可能性

传统考试由于涉及出卷环节，泄露的可能性比较大，而在无纸化网络考试中参与的人相对很少，再加上试卷是从题库中自动抽题来组成的，因而保密工作可以做得更好，更能体现考试的公平性。无纸化考试在这方面可以很好地体现客观、公正。

2. 考试过程中防作弊，方便快捷

防作弊、方便快捷是无纸化考试的主要优势之一。无纸化考试环境要求考试试题涉及的知识面要广，这样就降低了雷同卷的出现概率。同时，无纸化考试环境中，学生只需输入自己的学号即可进入考试系统；前后左右相邻的学生试卷都不相同，考试过程在计算机上操作，根据设定随机抽取试题，使每份试卷内容各不相同，相邻考生之间也难以作弊，同时也杜绝了考前试题泄露。全程网上提交。客观性试题的考试结果于每场考试结束后，考试系统自动统计完毕；考试结果可以通过表格方式将所有原始数据输出，便于统计、查阅及储存。

3. 阅卷环境公平、公正，准确性高

传统的试卷考试中，阅卷往往采用阅卷教师单人改题的方式，容易造成因阅卷疲劳而出现考生成绩忽高忽低的情况，这样就对考试公平产生了不利影响。而在新的无纸化考试中，往往是采用计算机阅卷，且答案都是统一、固定的，减少了教师阅卷的工作量，也提高了阅卷速度，保证了考试的公平公正。[①]

（三）无纸化考试环境的缺点

无纸化考试的特殊性也导致无纸化考试环境存在一些劣势，主要包括：

1. 服务器环境要求严格

根据文件要求，一级服务器通过 Internet 连接考试中心服务器，起着承上启下的作用，向上接收数据，向二级服务器发送数据，同时接受二级服务器上传的已考数据，进行整理打包后上传到考试中心服务器。

一级服务器与二级服务器的连接可以采用 Internet 或者局域网。二级服务器必须安装考试服务器软件和数据库，具备数据库服务器的功能，考生通过 WEB 和 FTP 服务来实现考试数据的处理与运行。二级服务器集三种服务为一体，因此服务器在硬件要求上至少为 PIV2.0，内存 2 GB 及以上的主机。

服务器要具有三种服务首先需要安装服务器操作系统，例如 Windows Server，同时需要安装数据库系统，例如 SQL，为保证正常运行还需要根据考试文件要求做相应

[①] 张文英. 改革考试方式，构建无纸化考试平台[J]. 语文学刊（外语教育与教学），2010(05)：134-135.

的设置。二级服务器除了安装服务器操作系统、数据库外还需要安装 IIS(Internet Information Server)创建 WWW 服务和 FTP 服务以及 net 框架 ASP.NET Framework1.1 或安装 ASP.NET Framework2.0。将服务器做成具备数据库服务器、WEB 服务器、FTP 服务器三种服务为一体的服务器,再安装考试软件服务器端。

考生通过局域网运行考试软件客户端访问二级服务器,整个考试系统要求网络畅通无阻,因此要求服务器对上的广域网接入要求出口带宽最低在 512 KB,连接二级服务器对下的局域网网络要求在 Switch-10M 及以上。

2. 客户端环境的搭建要求严格

客户端为考生提供现场答题环境,通过 LAN 从二级服务器调取数据实时处理完毕并上传,也包括软、硬两方面。客户端的计算机 CPU 需要至少 PIⅡ以上,内存 256 MB 以上,剩余硬盘空间 1 GB+考生人数×5 MB 以上就足够。软件环境主要操作系统为 Windows 较新系统的中文版,并注册常用控件开启常用服务等,安装 Office 完整版,卸载软件、硬件、还原整个环境处于开放状态。客户端器通过 WEB 页更好连接服务器要求安装微软最新的 IE 浏览器且要对 IE 做相应项的设置,不能安装其他类型的浏览器。客户端网络环境要求局域网网络 10 MB 及以上,考试客户端本地连接方式不能为代理方式。

3. 信息安全要有严格的保障

为保证整个环境的信息安全,服务器采取安装杀毒软件及防火墙等信息安全保障措施,同时考试客户端不能安装有网页脚本监控功能的软件,如金山毒霸、金山大管家等,考试客户端所在的局域网环境处于开放的状态,只要有一台计算机感染病毒,后果就很严重,因此要求服务器、客户端都做成纯净系统,从分区开始重新安装操作系统等一系列的软件及设置。

4. 技术与责任并重

无纸化考试虽然大大节约成本,大幅度减少阅卷的人力、财力等,但最关键的是在考试的过程中,必须提供完好的考试环境,不能让计算机出现不正常现象,不能出现半点的差错,因此工作人员思想上必须引起高度重视。无纸化考试的大量工作需要在前面完成,就是考试环境的搭建至关重要,搭建过程中除了掌握良好的计算机及网络技术外,还必须拥有高度的责任感,从中心到客户端只要有一个环节出现瑕疵都会影响到整个考试的效果,提高工作人员警惕性,要做到万无一失。因此需要反复测试硬件、网络、软件等,保障整个系统运行的稳定可靠。

无纸化考试除严肃考场纪律外,还有提供考场环境的技术要求等,需要认真分析考试技术文件要求,按要求把文件准备到位。Windows 系统控件过多,有时一个控件未注册,或者 IE 设置项不符,或者一根线都会导致考试的中断,造成不良后果。特别是会计电算化操作题,不知道会调用客户机哪些服务,只能做到开启常规项。在考场准备中,无论在硬件检测中还是软件设置,不论是服务器还是客户端,都按文件要求必须做到位。甚至包括键盘、鼠标的灵不灵活,还有 IE 的设置等都需经过反复测试保障系统的正常运行,保障整个网络畅通无阻,为考生提供自由发挥的平台。[①]

[①] 邓丽芹.浅谈会计从业资格无纸化考试环境的搭建[J].现代企业教育,2013(24):1.

下 篇

高考管理的发展方向

第八章　新发展阶段高考管理的发展方向

党的十九届五中全会指出,我国将进入新发展阶段,这是以习近平同志为核心的党中央做出的重大决策。2021年1月,习近平总书记在省部级主要领导干部学习贯彻党的十九届五中全会精神专题研讨班上发表重要讲话指出:"全面建成小康社会、实现第一个百年奋斗目标之后,我们要乘势而上开启全面建设社会主义现代化国家新征程、向第二个百年奋斗目标进军,这标志着我国进入了一个新发展阶段。"对我国已经进入新发展阶段做了科学阐释。在新发展阶段,各个领域都要按照新理念、新要求,乘势而上,实现高质量发展。在高考管理领域,同样也要如此。

第一节　高考管理要体现"新课改"精神

2001年,教育部正式启动了新一轮基础教育课程改革(简称"新课改"),着力调整和改革基础教育的课程体系、结构、内容,构建符合素质教育要求的新的基础教育课程体系。"新课改"提出了新的课程观、学生观、学习观、发展观、教学观、教材观等,对教师专业知识素养提出了更高的要求。

新的课程观要求构建新的课程知识。"新课改"的课程观是生成的课程观、整合的课程观、实践的课程观,构建了教师、学生、教材、环境四个因素动态交互作用的课程"生态系统",提出了学生与教师的经验即课程、生活即课程、自然即课程等全新的观念。这要求基础教育阶段的教师必须更新传统的课程知识,构建新的课程知识。

新的学生观、学习观、发展观要求构建新的学生知识。"新课改"重新定义了学生、学习和发展等概念。关于学生,"新课改"认为,学生不是被人塑造和控制、供人驱使和利用的工具,而是有其内在价值的独特存在;每一个学生既是具有独特性、自主性的存在,又是关系中的存在。学生首先是人,需要走向生活的人;学生是"文化遗产中的人";学生是"生活世界的人""关系中的人";学生是"时代中的人";学生是"世界背景中的人"。关于学习,"新课改"认为,学习者不是被动的旁观者,而是自主的参与者;学习者的学习是第二次创造,自主理解就是创造;知识是学习者在特定情境下建构起来的;学习的结果不仅在于知,而且在于信,在于课内知识与生活经验的统一。关于发展,"新课改"认为,发展是指全体学生的发展、全面和谐的发展、终身持续的发展、个性特长的发展、活泼主动的发展。因此,基础教育教师必须重新构建新的学生知识体系,树立一切为了学生的价值观,高度尊重学生的伦理观,全面依靠学生的行为观。

新的教学观、课堂观、目标观、方法观、作业观要求构建新的教学知识体系。关于教学,"新课改"认为,教学从本质上说是一种"沟通"与"合作"的活动;学习不是简单复制和输入信息,而是主动解释信息,建构知识的意义;教学不是产品的传递,而是创设一定的条件促进学生主动建构知识的意义;"对话"是教学活动的重要特点。关于课堂,"新课改"认为课堂是对话、沟通、交往、合作、探究、展示的平台,课堂是新认识的生长点,新激情的鼓动器,学生要带着疑问进课堂,带着更多的疑问出课堂。关于目标,"新课改"认为教学目标是由知识与技能、过程与方法、情感态度价值观组成的三维目标,突破了传统只重知识的教学目标。关于方法,"新课改"倡导自主、合作、探究的学习方法,倡导有利于形成这三种学习方法的教学方法。关于作业,"新课改"在作业功能上,应强调形成性和发展性;在作业内容上,应突出开放性和探究性;在作业形式上,应体现新颖性和多样性;在作业容量上,应考虑量力性和差异性;在作业评判上,应重视过程性和激励性。因此,基础教育教师要围绕整合教学、强调互动的师生关系、素质教育教学目标体系、充满生命力的课堂教学运行体系等内容,构建新的教学知识。

新的"课标"观、教材观要求构建新的学科知识。"新课改"用"课程标准"取代"教学大纲",这不仅是名称的改变,还有更深层的教育理念的更替、教育视角的切换。"课程标准"主要是对学生学习结果的描述,而不是对教学内容的具体规定;"课程标准"关照的是绝大多数学生,提出的是一些基本要求。"课程标准"是国家制定的某一学习阶段的共同的、统一的基本要求,而不是最高要求。"课程标准"做出的规定应具体明确,学生学习结果的描述是可达到的、可评估的,而不是模糊不清、可望而不可即的。"课程标准"的规定是有弹性的,其范围应涉及认知、情感、动作技能三个领域。关于教材,"新课改"认为,教师不是教科书的消极教授者,而是教学方案的积极设计者。教材是使学生达到课程标准的内容载体,是教师教与学生学的主要工具;树立"用教材教,而不是教教材"的观念。课程标准观念的树立和新教材观的确立,要求基础教育教师必须重新构建新的学科知识体系。

在新课改的背景下,我国的高考制度也进行了相应的改革。由于新课改在课程管理上实行国家、地方、学校三级课程管理,充分调动各省与学校的积极性是新课改的重要目标,因此,高考由全国统一考试向各省(区、市)自主命题方向转变。如河南、上海、辽宁、广东等曾实行"3+大综合","3"指语、数、外三科,"大综合"即包含政、史、地、理、

第八章　新发展阶段高考管理的发展方向

化、生6个科目;山东、浙江、湖南、河北"3+2"模式("2"是政、史、地、理、化、生中,考生自选其中两门);其他大多数省市实行"3+小综合",即文综或者理综,考试分文科(政治、历史、地理)和理科(物理、化学、生物);2005年广西高考模式由"3+大综合"改为"3+小综合"模式。2006年陕西大综合改成小综合,辽宁为帮助学生减负也再分文理科,2007年山东高考拟用3+X+1。广东省2007年至2009年推行大综合,分为文科基础(政治、历史、地理占70%,物理、化学、生物占30%)与理科基础(物理、化学、生物占70%,政治、历史、地理占30%)。2010年广东省又将回归到"语文+数学+外语+文科综合/理科综合"的模式。这都体现了高考由统一化向多样化发展。

在新课改的背景下,高考也更注重学生能力的测评。为了体现多元评价的特点,海南、江苏、天津、浙江、辽宁、安徽与福建等地的高考改革方案都无一例外地将普通高中学业水平考试和学生综合素质评价纳入高校招生录取综合评价体系,为高校招生录取提供参考依据。如安徽省的普通高中学生综合素质评价从公民道德素养、学习态度与能力、实践与创新、交流与合作、运动与健康、审美与表现等6个方面评价,以学生主要行为表现的实证材料为依据,综合评价结果及其实证材料进入考生档案,供高校录取时参考。山东省自2007年高考开始,增加了一项基本能力测试,内容涉及高中课程的技术、体育与健康、艺术、综合实践等,以及运用所学知识解决生活和社会实际问题的能力。试卷分必做和选做两部分,必做题考查必修内容,选做题考查选修内容。浙江省2009年高考则实行在全科会考基础上的分类测试、分批选拔、综合评价、全面考核、择优录取的选拔模式。第一层次招生院校、专业为全国重点本科院校(包括教育部直属高校、"211工程"高校等),统考科目在"语文+数学+外语+文科综合/理科综合"的基础上,加试自选模块;第二层次为普通本科院校、专业,统考科目维持了传统的"语文+数学+外语+文科综合/理科综合";第三层次为高职高专院校,统考科目只测试"语文+数学+外语+技术(信息技术/通用技术)"。考生自主选择报名和参加考试的相应类别,分批填报志愿,分批录取。

第二节　高考管理要体现"新高考"精神

为切实解决唯分数论、一考定终身、减轻学生负担、缩小区域和城乡入学差距、加分造假、违规招生等招生考试领域的突出问题,2014年9月,国务院发布《关于深化考试招生制度改革的实施意见》(以下简称《实施意见》),其出台标志着新一轮考试招生制度改革的全面启动。根据此意见精神,新高考在全国各省(市、区)逐步推进。

《实施意见》明确了考试招生制度改革的进度:考试招生制度改革要统筹规划、试点先行、分步实施、有序推进。要充分考虑教育的周期性，提前公布考试招生制度改革实施方案，给考生和社会以明确、稳定的预期。按照此精神，2014年启动考试招生制度改革试点，2017年全面推进，到2020年，基本建立中国特色现代教育考试招生制度，形成分类考试、综合评价、多元录取的考试招生模式，健全促进公平、科学选才、监督有力的体制机制，构建衔接沟通各级各类教育、认可多种学习成果的终身学习立交桥。

《实施意见》提出了考试招生制度改革的五大任务：一是改进招生计划分配方式，提高中西部地区和人口大省高考录取率，增加农村学生上重点高校人数，完善中小学招生办法破解择校难题；二是改革考试形式和内容，完善高中学业水平考试，规范高中学生综合素质评价，加快推进高职院校分类考试，深化高考考试内容改革；三是改革招生录取机制，减少和规范考试加分，完善和规范自主招生，完善高校招生选拔机制，改进录取方式，拓宽社会成员终身学习通道；四是改革监督管理机制，加强信息公开，加强制度保障，加大违规查处力度；五是启动高考综合改革试点，改革考试科目设置，改革招生录取机制。

根据《实施意见》精神，各地因地制宜地制定了本地的新高考方案。如2020年12月，湖南省发布了《湖南省2021年普通高校招生文化考试安排和录取工作实施方案》。该方案对湖南高考做出了几个较大的调整。

（1）考试科目实行"3+1+2"模式，由全国统考科目和普通高中学业水平选考科目组成。"3"为全国统考科目，即语文、数学、外语（含英语、俄语、日语、法语、德语、西班牙语），由全国统一命题。"1"为首选科目，即物理、历史中的1科；"2"为再选科目，即思想政治、地理、化学、生物4科中的2科，由省里自主命题。"按照物理、历史两个类别，分列招生计划、分开划线、分开投档录取"。各类招生计划由原来的按文、理科分类编排调整为按照首选科目分物理科目组合、历史科目组合编排。按平行志愿投档的院校专业的计划编排由"院校+专业"调整为"院校专业组"模式。

（2）高考总成绩由全国统考科目成绩和普通高中学业水平选考科目成绩组成，满分750分。其中，语文、数学、外语三门统考科目每科满分150分，直接以卷面原始分数计入高考总成绩；考生选择的三门选考科目每科满分100分，首选科目（物理、历史2选1）直接以卷面原始分数计入高考总成绩，再选科目（思想政治、地理、化学、生物4选2）依据湖南省教育厅《关于做好普通高中学业水平选择性考试成绩计入高考录取总成绩

第八章 新发展阶段高考管理的发展方向

工作的通知》(湘教发〔2019〕10号)规定,以转换后的分数计入高考总成绩。

(3)语文考试时长为150分钟,数学和外语(含听力)考试时长为120分钟。各选考科目考试时长均为75分钟。

(4)本科一批、二批、三批合并为本科批录取,普通专业招生按本科提前批、本科批、专科提前批、专科批进行录取;艺术类专业按本科提前批、本科批、专科批进行录取;体育类专业按本科提前批、本科批、专科提前批、专科批进行录取。

(5)平行志愿由10所院校调整为30~45所。

(6)录取控制分数线只分本科和特殊类型招生。

(7)对于普通类专业类别,依次按考生语文数学两科之和、语文或数学单科最高成绩、外语单科成绩、首选科目单科成绩、再选科目单科最高成绩、再选科目单科次高成绩由高到低排序投档;如仍相同,比较考生志愿顺序,顺序在前者优先投档,志愿顺序相同则全部投档。对于艺术类、体育类专业类别的平行志愿投档录取,依次按考生文化成绩、语文数学两科之和、语文或数学单科最高成绩、外语单科成绩、首选科目单科成绩、再选科目单科最高成绩由高到低排序投档;如仍相同,比较考生志愿顺序,顺序在前者优先投档,志愿顺序相同则全部投档。

(8)为确保征集志愿后,顺利完成招生计划,避免计划浪费,将湖南省现行规定的"农林、航海、地矿等外省本科院校以及在湘高校(含本科院校和高职专科学校)在生源不足时,可在同批次录取控制分数线下降20分内按考生志愿从高分到低分投档,由高校择优录取",将降分范围扩大到所有来湘招生院校。同时,严格执行教育部特殊类型招生政策规定,录取期间不再降低艺术类招生文化最低录取控制分数线。

(9)取消单科优秀考生录取优惠政策。

其他省(市、区)实施的新高考政策,与湖南省的政策不尽相同。但新高考无论怎样改,其基本的方向是一致的。

聚焦新高考,高考文化必须坚持以下几个方向:一要坚持育人为本,遵循教育规律;二要着力完善规则,确保公平公正;三要体现科学高效,提高选拔水平。贯彻《实施意见》精神,切实保障新高考目标的落实落地,是当前高考文化建设的重要方向。

参考文献

[1] 中国社会科学院语言研究所词典编辑室.现代汉语词典[M].北京:商务印书馆,2005.

[2] 陈至立.辞海[M].7版.上海:上海辞书出版社,2020.

[3] 孙中涛,赵芹.美国高校的招生制度及其对我国的启示[J].现代教育科学,2007(09):98-102.

[4] 方勇.日本的高考制度及其改革[J].新闻周刊,2004(25):26-27.

[5] 赵建之,高书岑.日本高考制度的改革[J].中国高校招生,1999(05):63-64.

[6] 段胜男.日本高考:参加过志愿活动就能录取？[OL].北京教育头条,2016.

[7] 张桂春.德国大学入学资格模式的历史考察[J]辽宁师范大学学报,1996(05):40-43.

[8] 李克建.德国大学入学考试制度:历史、现状与改革动向[J].2003(16):61-64.

[9] 牛学敏,王后雄.德国大学招生与考试制度述评[J].考试研究,2007(03):117-127.

[10] 李兴业.多样化的高考招生录取制度——法国高等学校招生制度评介[J].湖北招生考试,2002(24):64-65+69.

[11] 方晓明、王湖滨.英国高校招生制度的沿革及启示[J].浙江科技学院学报,2009(04):388-392.

[12] 五花八门的外国高考[N].浙江日报,2002-06-17.

[13] 秦华.高考招生政策中的人本倾向研究(1977-2010)[D]浙江师范大学,2012.

[14] 王晓毅.中国大学生体育协会发展研究[D].东北师范大学,2010.

[15] 兰奇.非公企业工会组织建设研究[D]上海交通大学,2012.

[16] 念孝明.让考试走向人性化、科学化、现代化——读康乃美研究员的《考试管理技术》[J]湖北招生考试,2008(24):60-61.

[17] 张坤.教育考试质量管理基本原理初探[J]湖北招生考试,2020(05):41-45.

[18] 张卫捷.高考考务管理系统的分析与设计[D].北京邮电大学,2010.

参 考 文 献

[19] 向莉娟,孟立军.教育公平视阈下我国高考加分政策探析[J].内蒙古师范大学学报(教育科学版),2008(06):1-3.

[20] 韦素玲.论高校考试管理目标控制[J].中国质量,2008(09):42-44.

[21] 陈可喜.投融资决策中的选择权问题研究[J].商场现代化,2006(04):243-244.

[22] 谢家举.提高我国高速公路客运组织化程度政策研究[D].长安大学,2001.

[23] 顾明远.教育大辞典(卷2)[Z].上海：上海教育科学出版社,1990.

[24] 张琳.非客观题实行四评制[N].扬州晚报,2012-06-13.

[25] 李建斌,付玉旺.你该了解的高考网上阅卷[J].考试与招生,2008(04):14-15.

[26] 李雪林.高考阅卷有300多个环节[J].文汇报,2011-06-16.

[27] 徐莉青.关于考试成绩的统计分析与评估方法[J].浙江工商职业技术学院学报,2009(02):89-92.

[28] 王坦,赵洁.刍议高校招生"阳光工程"中的信访工作[J].当代教育科学,2014(17):54-56.

[29] 薛园.当代技术发展的重要前沿(之一)微电子与计算机技术[J].上海消防,1995(07):36-38.

[30] 周留征,刘江宁.基于网络的企业员工信息沟通体系研究[J].齐鲁珠坛,2009(03):32-34.

[31] 白杉.微波通信的回顾与展望[J].电力系统通信,2002(06):25-28.

[32] 陈世勇.微波在线密度检测技术的研究及应用[D].重庆大学,2002.

[33] 戴银飞.远程教育系统中考试平台的设计与实现[D].吉林大学,2005.

[34] 王宇.MS SQL Server数据库的组织与规范化[J].南通工学院学报(自然科学版),2003(02):57-61.

[35] 刘军.网上阅卷系统的实现与安全分析[J].网络与信息,2008(08):28.

[36] 肖利峰.基于机器视觉的分布式网上阅卷系统[D].合肥工业大学,2009.

[37] 陈俊澎.海南省公务员考录测评系统能力分析与评价研究[D].天津大学,2010.

[38] 肖亮.网上阅卷系统功效浅析[J].信息技术教育,2007(04):66-67.

[40] 申燕.高等教育自学考试远程教育服务体系构建研究[D].西南大学,2009.

[41] 念孝明.让考试走向人性化、科学化、现代化——读康乃美研究员《考试管理技术》[J]湖北招生考试,2008(24):60-61.

[42] 许家玉,张维方.浅述企业管理现代化[J].枣庄师专学报,1995(01):57-60.

[43] 项红芳.中小制造企业MIS建设相关问题及对策研究[D].吉林大学,2004.

[44] 董喆.浅谈企业管理信息化的发展[J].商场现代化,2006(03):56.

[45] 邵艳.论信息化建设的六大构成要素及其宏观调控[J].河北大学学报(哲学社会

科学版),2001(03):127-130.

[46] 宋凌艳.区域环境综合体状况评价模型研究及应用[D].北京工业大学,2010.

[47] 王文成.论当代中国公务员考试权的运行与控制[D].华中师范大学,2008.

[48] 程德才.加强考试环境的管理[J].新课程(教育学术),2010(09):19-20.

[49] 吕小强.构建社会主义和谐招生考试环境的探索[J].潍坊教育学院学报,2011(03):6-8.

[50] 崔彦平.论行政公正[J].中共山西省委党校学报,2006(06):52-54.

[51] 李化德.论国家考试立法[J].现代法学,2008(05):29-37.

[52] 何可.标准化护航高考考点[N].中国质量报,2012-06-07.

[53] 孙军.标准化考点建设之浅见[J].教育与考试,2012(05):5-10.

[54] 孙秀芳.加强考风考纪,净化考试环境[J].内蒙古煤炭经济,2012(03):16-17.

[55] 广崇武."阳光工程"让广大考生受益[J].中国考试,2005(05):4-5.

[56] 陈明.无纸化考试系统综述[J]计算机教育,2007(05):12-15.

[57] 马兵.浅谈无纸化考试[J].中国电大教育,1999(08):37-38.

[58] 张文英.改革考试方式,构建无纸化考试平台[J].语文学刊(外语教育与教学),2010(05):134-135.

[59] 邓丽芹.浅谈会计从业资格无纸化考试环境的搭建[J].现代企业教育,2013(24):1.